Punkt, Punkt,
Komma, Strich – Fertig
ist das Mondgesicht

Das große Bastelbuch
für die Allerkleinsten

Susanne Pypke

# DAS GROSSE BASTELBUCH für die ALLERKLEINSTEN

# Inhalt

im Frühling . . . . . . . . . . 11
Blumen-Deko . . . . . . . . . . 13
Marienkäfer . . . . . . . . . . 14
Vögelchen . . . . . . . . . . 15
Besteck-Schmetterlinge . . . . . . . . . . 16
Grasraupe . . . . . . . . . . 18
Zappelspinne . . . . . . . . . . 21
Pompon-Vogel . . . . . . . . . . 22
Bürsten-Druck . . . . . . . . . . 24
Oster- Küken . . . . . . . . . . 25
Sockenhase . . . . . . . . . . 26
Watte-Stempel-Eier . . . . . . . . . . 27
Schnecken mit Filzhaus . . . . . . . . . . 28
Eiertiere . . . . . . . . . . 29
Ast-Hasen . . . . . . . . . . 30
Osternest . . . . . . . . . . 32
Kuchen im Ei . . . . . . . . . . 33
Osterkörbchen . . . . . . . . . . 35

im Sommer . . . . . . . . . . 37
Eierkarton-Schiff . . . . . . . . . . 38
Schatzkiste . . . . . . . . . . 39
Dauer-Wasserbomben . . . . . . . . . . 41
Kieselstein-Biene . . . . . . . . . . 42
Blüten-Eis . . . . . . . . . . 43
Salzteig-Anhänger . . . . . . . . . . 46
Sonnenfänger . . . . . . . . . . 49
Tröten-Frosch . . . . . . . . . . 50
Heißluftballon . . . . . . . . . . 53
Aquarium mit Handabdruck-Fisch . . . . . . . . . . 54
Stockfisch . . . . . . . . . . 56
Muschelkunst . . . . . . . . . . 57
Flecken-Schildkröte . . . . . . . . . . 58
Melonen-Fächer . . . . . . . . . . 59
Flausch-Flamingo . . . . . . . . . . 61

im Herbst . . . . . . . . . . 63
Waldtiere . . . . . . . . . . 65
Drachen . . . . . . . . . . 67
Blätterkarten . . . . . . . . . . 68
Fliegenpilze . . . . . . . . . . 69
Apfeltasche . . . . . . . . . . 70
Eulen . . . . . . . . . . 73
Mais-Rakete . . . . . . . . . . 74
Kastanientiere . . . . . . . . . . 76
Kork-Igel . . . . . . . . . . 77
Traumfänger . . . . . . . . . . 79
Vogeldrachen . . . . . . . . . . 81
Schoko-Bananen-Geister . . . . . . . . . . 82
Kürbisgesichter . . . . . . . . . . 83
Geister-Girlande . . . . . . . . . . 84
Wollbild-Apfel . . . . . . . . . . 85
Bienenlaterne . . . . . . . . . . 86

im Winter . . . . . . . . . . 89
Vogelfutterplatz . . . . . . . . . . 90
Vogelhäuschen . . . . . . . . . . 91
Klorollen-Schneeflocken . . . . . . . . . . 92
Kerzen-Trio . . . . . . . . . . 95
Pappteller-Hirsch . . . . . . . . . . 96
Wellpappe-Baumschmuck . . . . . . . . . . 97
Doppelsternchen . . . . . . . . . . 99
Perlensterne . . . . . . . . . . 100
Pluster-Sterne . . . . . . . . . . 103
Plätzchenteller . . . . . . . . . . 104
Prickel-Windlicht . . . . . . . . . . 106
Bilderrahmen . . . . . . . . . . 107
Geschenkanhänger . . . . . . . . . . 109
Weihnachtsengel . . . . . . . . . . 110
Weihnachtskrippe . . . . . . . . . . 113
Konfetti-Kanone . . . . . . . . . . 115

**Basteln mit Kindern . . . . . . . . . . 116**
**Gute Vorbereitung ist alles . . . . . . . . . . 118**
**Bastelbasics . . . . . . . . . . 120**
**Vorlagen . . . . . . . . . . 130**
**Buchtipps für dich . . . . . . . . . . 136**
**Impressum . . . . . . . . . . 140**

# Bastelideen fürs ganze Jahr

Frühling, Sommer, Herbst und Winter – jeder von uns hat eine Lieblingsjahreszeit, auf die er sich freut. Ich persönlich bin jemand, der sich immer auf die nächste Jahreszeit freut, die vor mir liegt und mit den Kindern je nach Saison bastelt und malt. Oder was gibt es Schöneres nach einem langen, heißen Sommer darauf zu warten wieder im Schnee spielen zu können und einen Schneemann zu bauen?

Dabei werden natürlich neben den üblichen Bastelmaterialien auch immer Materialien verwendet, die es in dieser Jahreszeit in Natur oder Haus gibt. Zusammen mit der Fantasie der Kinder entstehen unglaubliche Kunstwerke, die preisverdächtig sind.

Die Bastelideen in diesem Buch zeigen, dass auch schon die Kleinsten zu wahren Meisterwerken fähig sind, bei denen immer noch viel Spielraum für die eigene Fantasie des Kindes bleibt. Ob Marienkäfer, Dauerwasserbomben, Drache oder Weihnachtsengel in jeder Jahreszeit ist zur Beschäftigung oder zur Dekoration etwas geboten. Machen Sie sich zusammen mit Ihrem Kind auf die Spur der Jahreszeiten.

Ich wünsche viel Spaß beim Basteln, Spielen und Kreativ sein!

Susanne Pypke

im
Frühling

## DU BRAUCHST:

* je 12 Tonpapierstreifen in Orange, Pink oder Gelb, 3 cm x 15 cm
* Bürohefter
* Alleskleber
* 2 runde Gegenstände, ø 5,5 cm und ø 4 cm
* Bleistift
* Tonpapierreste in Orange, Pink und Gelb
* Schere

### TIPP

Fädle einen Faden durch ein Blütenblatt und verknote die Enden. So kannst du deine Blume ganz einfach aufhängen.

# Blumen-Deko

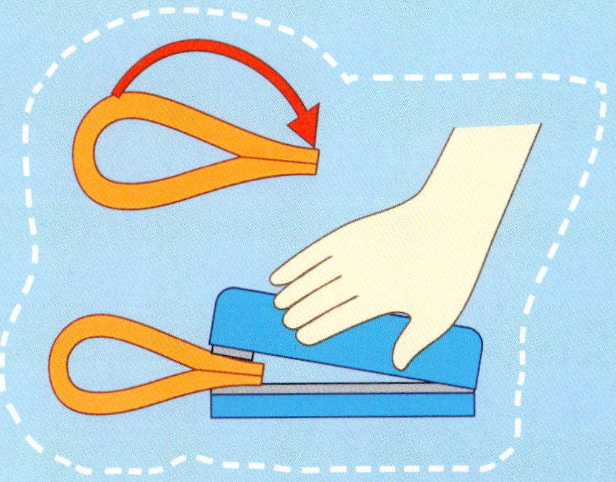

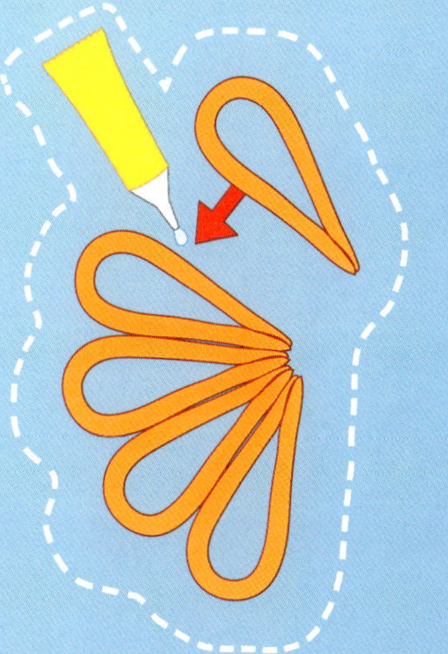

1 Lege die Enden eines Papierstreifens aufeinander und tackere sie zusammen. Wiederhole dies mit den anderen Papierstreifen, sodass du zwölf Blütenblätter hast.

2 Klebe die Blütenblätter im Kreis herum aneinander und lass den Klebstoff gut trocknen.

3 Zeichne mit den runden Gegenständen pro Blume je zwei kleine und zwei große Kreise auf die Tonpapierreste und schneide sie mit der Schere aus.

4 Klebe die Kreise aufeinander und dann beidseitig auf die Blumenmitte.

# Marienkäfer

## DU BRAUCHST:

* Tonkarton in Rot, 18 cm x 18 cm
* Bleistift
* Schere
* Alleskleber
* Tonkartonrest in Schwarz
* Bürolocher
* Pfeifenputzer in Schwarz, 2x 7 cm lang
* 2 Wackelaugen, ca. 1 cm

Vorlagen: Kreis und Marienkäferkopf auf Seite 130



1 Schneide mithilfe der Vorlage drei Kreise aus dem roten Tonkarton aus. Dann zwei Kreise mittig falten, wieder öffnen und auf der Faltlinie aufeinander kleben. Nach dem Trocknen den unteren Kreis mit der Faltlinie auf den dritten Kreis kleben.

2 Jetzt den Kopf aus schwarzem Tonkarton ausschneiden und an den Körper kleben.

3 Falte den Körper wie auf dem Bild zu sehen auseinander. Mit dem Locher schwarze Punkte ausstanzen und auf den Rücken kleben.

4 Biege die Pfeifenputzer zu Fühlern und klebe sie von unten an den Kopf. Zuletzt klebst du die Wackelaugen auf.

# Vögelchen

## DU BRAUCHST:

* Kopierpapier in Pink und Lila, 12 cm x 27 cm
* Lineal
* Bleistift
* Alleskleber
* 4 Wäscheklammern
* Tonpapierreste in Mintgrün
* Schere
* 2 Wackelaugen, ca. 2 cm
* Feder in Pink und Lila

Vorlagen: Flügel und Schnabel auf Seite 130

1 Falte das Papier zu einer 1,5 cm breiten Ziehharmonika (siehe Seite 122).

2 Knicke den gefalteten Papierstreifen einmal in der Mitte. Klappe die Enden auf und klebe jeweils den ersten und den letzten Faltabschnitt aufeinander, sodass ein Kreis entsteht. Stecke die Wäscheklammern auf, bis der Klebstoff getrocknet ist.

3 Übertrage die Vorlage für den Schnabel und für den Flügel auf das Tonpapier. Schneide die Teile aus und falte den Schnabel einmal in der Mitte.

4 Den Flügel, den Schnabel, das Wackelauge und die Feder auf den Vogel kleben.

1 Male das Holzbesteck mit den Filzstiften auf der Vorderseite bunt an.

2 Klebe zwei Wackelaugen auf und male mit dem schwarzen Buntstift den Mund auf.



# Besteck-Schmetterlinge

**3** Biege lustige Fühler aus dem Chenilledraht und klebe sie hinter den Kopf.

**4** Drücke vier Papier-Muffinförmchen platt, klebe sie als Flügel auf die Rückseite des Holzbestecks und verziere sie mit den Klebepunkten.

## DU BRAUCHST

* Löffel oder Gabel aus Holz, ca. 16 cm lang
* Filzstifte
* 2 Wackelaugen, ø 0,8–1,5 cm
* Klebstoff
* Buntstift in Schwarz
* Chenilledraht in Gelb, ca. 10 cm lang
* 4 Papier-Muffinförmchen, ø 4,5 cm
* Klebepunkte

# Grasraupe

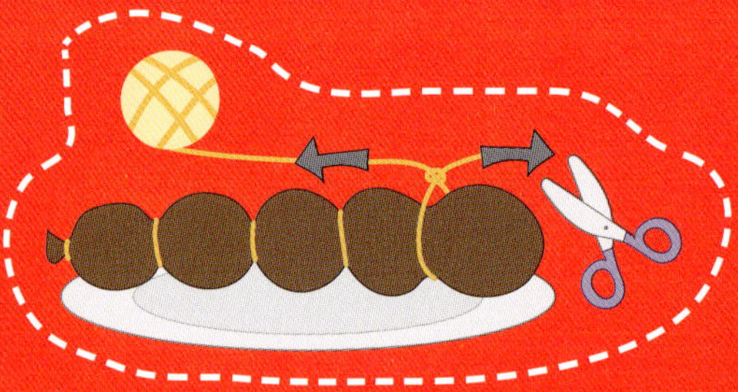



1 Breite die Blumenerde flach aus und bestreue sie dicht mit Grassamen. Vermische die Erde und die Samen mit den Händen und fülle sie in den Kniestrumpf.

2 Mach einen Knoten in den Strumpf und schneide das offene Ende ab. Forme die Erde im Strumpf zu fünf etwa gleich großen Kugeln und binde den Strumpf zwischen den Kugeln mit dem reißfesten Faden ab.

## DU BRAUCHST

* Blumenerde, ca. 10 große Hände voll
* Ostergras-Samen, ca. 30 g
* Feinstrumpf-Kniestrumpf in Braun
* kleine Gartenschaufel
* reißfester Faden, ca. 4x 30 cm lang
* Duo-Chenilledraht in verschiedenen Farben, 8x 12,5 cm lang und 2x 15 cm lang
* Schaschlikstäbchen
* 2 Wackelaugen, ø 1,5 cm
* Alleskleber

## TIPP

Stelle die Raupe auf einen Untersetzer und gieße sie täglich. Nach ein paar Tagen werden die ersten Grashalme sprießen. Mit der Schere kannst du die Grashaare der Raupe frisieren.

**3** Rolle die langen Chenilledraht-Stücke für die Fühler an einem Ende ein. Stich mit dem Schaschlikstäbchen zwei Löcher in den Kopf, steck die Fühler hinein und klebe die Wackelaugen auf.

**4** Nun stichst du mit dem Schaschlikstäbchen zwischen den Kugeln Löcher in den Strumpf und steckst die übrigen Chenilledraht-Stücke als Beine ein. Jetzt musst du nur noch fleißig gießen, damit das Gras sprießt.

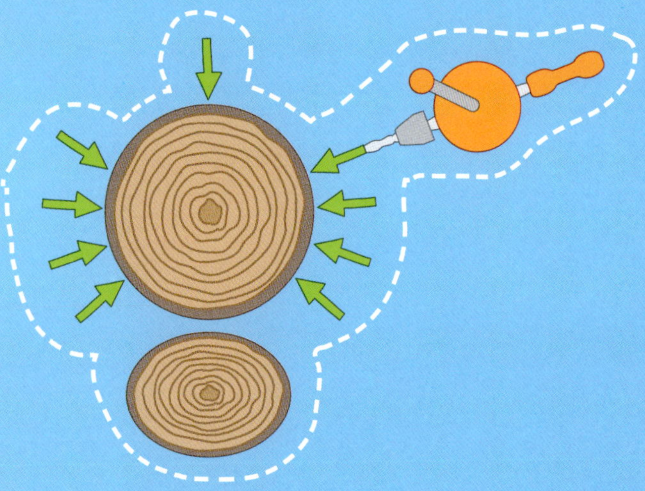

1 Bohre für die Beine rechts und links je vier Löcher in den Rand der großen Astscheibe. Oben bohrst du ein Loch für das Hutgummi in den Rand.

2 Male die Astscheiben wie abgebildet an und male nach dem Trocknen der Farbe die gelben Punkte und das Kreuz auf.

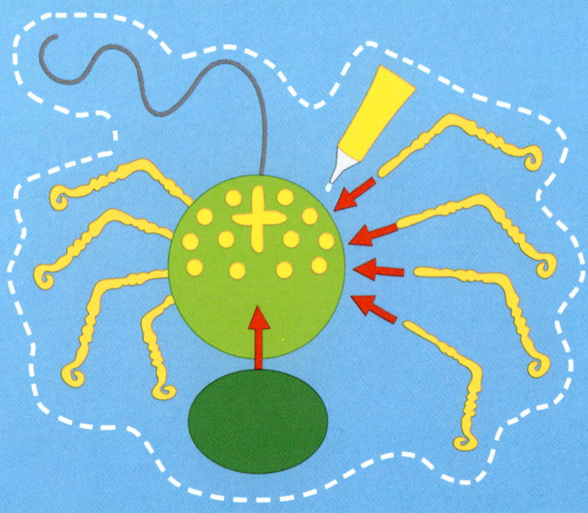

3 Die Chenilledrahtstücke in Form biegen und in die Bohrlöcher kleben. Klebe das Hutgummi in das obere Loch und den Kopf auf den Körper. Alles gut trocknen lassen.

4 Die Wackelaugen aufkleben und den Mund aufmalen. Trocknen lassen. Hänge die Spinne nun am Hutgummi auf und lass sie zappeln.

## DU BRAUCHST

* 2 Astscheiben, ø 8 cm und ø 5 cm
* Handbohrer
* Acrylfarbe in Hellgrün, Grün und Zitronengelb
* Pinsel
* Chenilledraht in Zitronengelb, 8x 10 cm lang
* Bastelkleber
* Hutgummi, 50 cm lang
* 2 Wackelaugen, ø ca. 2 cm
* Gelschreiber in Weiß

# Zappel-Spinne

# Pompon-Vogel

## DU BRAUCHST

* Pappe, 6 cm × 14 cm
* Schere
* Wolle in Dunkelgrau oder Gelb-Weiß meliert
* Faden, ca. 10 cm lang
* Fotokartonrest in Gelb oder Orange
* 2 Wackelaugen, ⌀ 1,5 cm
* Klebstoff

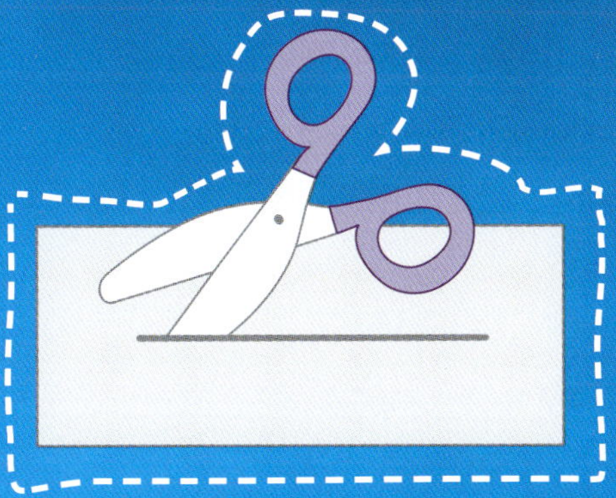

1 Schneide in der Mitte der Pappe einen Schlitz.

2 Wickle die Wolle um die Pappe, bis ein richtig dickes Knäuel entstanden ist. Die Wolle abschneiden und alle Wollfäden dicht zusammenschieben. Einen Faden durch den Schlitz um das Knäuel herumlegen und fest verknoten.

3 Die Pappe wegreißen und aus dem Knäuel ziehen, dann unten und oben die Wollschlaufen aufschneiden.

4 Den Pompon mit der Schere noch etwas in Form schneiden. Den Fotokarton falten und einen kleinen Schnabel ausschneiden. Zusammen mit den Wackelaugen aufkleben.

# Bürsten-Druck

## Du brauchst

* Acrylfarbe in Weiß, Hellgrün und Grün
* flache Schale
* runde, flache Spülbürste
* Tonpapier in Schwarz, A4
* feiner Pinsel
* Borstenpinsel

1 Die weiße Acrylfarbe in die Schale geben. Die Spülbürste mit den Borsten in die Farbe tauchen.

2 Die Bürste mit den Borsten auf das Tonpapier drücken, sodass Pusteblumen entstehen. Gut trocknen lassen.

3 Mit dem feinen Pinsel die grünen Stängel aufmalen.

4 Zum Schluss mit dem Borstenpinsel die grüne Wiese aufmalen.

# Oster-Küken

## DU BRAUCHST:

* Tonkarton in Gelb, A4, und Rest in Orange
* Bleistift
* Schere
* Klebestift
* 2 Wackelaugen, ø 2 cm
* Seidenpapier oder Kopierpapier in Gelb, 2x A4

Vorlagen: Körper, Füße, Kamm und Schnabel auf Seite 130

1. Übertrage die Vorlage für den Körper, die zwei Füße, den Kamm und den Schnabel auf den Tonkarton und schneide die einzelnen Teile aus.

2. Falte den Schnabel einmal in der Mitte und klebe ihn auf den Körper des Kükens.

3. Die Wackelaugen aufkleben. Die Füße und der Kamm werden von hinten angeklebt.

4. Reiße nun das gelbe Papier in Stücke, knülle sie zusammen und klebe sie dicht nebeneinander auf das Küken.

# Socken-hase

1 Die Socke bis zur Ferse mit der Füllwatte ausstopfen.

2 Die Socke über der Ferse mit einem Stück Baumwollgarn fest abbinden und verknoten. Die Fadenenden abschneiden.

3 Für den Kopf das Satinband unter der Ferse um die Socke knoten und zur Schleife binden.

4 Für die Ohren die Socke vom Bündchen bis zum Kopf in zwei Hälften schneiden und jede Hälfte spitz zuschneiden.

**TIPP**
Klebe deinem Hasen ein Herz aus Bastelfilz auf den Bauch, damit die eingestrickte Schuhgröße verdeckt wird.

## DU BRAUCHST

* Kinderbaumwollsocke
* Füllwatte
* Baumwollgarn in passender Farbe
* Schere
* Satinband in passender Farbe, 30 cm lang

1 Zeichne mithilfe der Vorlage das Ei auf den Tonkarton und schneide es dann entlang der Linie aus.

2 Gib die Farben nebeneinander auf den Pappteller.

3 Klemme für jede Farbe einen Wattebausch in eine Wäscheklammer.

4 Tauche den Wattebausch in die Farbe und tupfe ein Punktemuster auf das Ei.

# Watte-Stempel-Eier

## DU BRAUCHST

* Bleistift
* Tonkarton in Gelb oder Lila, A4
* Schere
* Pappteller
* Bastelfarbe
* Wäscheklammern
* Wattebäusche

Vorlage: Ei Seite 133

# Schnecken mit Filzhaus

## DU BRAUCHST

* Ast, ø 1,5 cm, 8 cm lang
* Acrylfarbe oder Abtönfarbe in Gelb oder Beige
* Pinsel
* Bastelfilz, 1–2 mm stark, in zwei passenden Farben
* Schere
* UHU® Alleskleber Gel
* 2 Reißnägel in Weiß
* 2 Wackelaugen, ø 1 cm

1 Bemale den Ast am vorderen Ende mit der Farbe, damit die Schnecke ein Gesicht bekommt. Lass die Farbe gut trocknen.

2 Schneide von dem Filz in jeder Farbe zwei Streifen ab, jeweils 1,5 cm breit und 30 cm lang.

3 Lege die Filzstreifen aufeinander und rolle sie zu einem Schneckenhaus auf. Die Enden schneidest du auf die gleiche Länge und klebst sie fest, damit sich das Schneckenhaus nicht mehr entrollt.

4 Klebe das Schneckenhaus auf den Ast. Stecke vorn zwei Reißnägel als Fühler ein und klebe zum Schluss die zwei Wackelaugen auf.

# Eiertiere

1 Male die Eier mit der Farbe an – eines hellbraun mit weißem Bauchfleck, eines gelb mit hellgelbem Bauchfleck und eines schwarz. Lass die Farbe gut trocknen.

2 Schneide mithilfe der Vorlage den Filz zu. Der Hase bekommt Füße und Ohren, das Küken bekommt Füße, einen Schnabel und einen Kamm, das Schaf bekommt Ohren.

3 Klebe die Filzteile auf die Eier und drücke sie bei Bedarf etwas an, bis der Klebstoff angetrocknet ist. Dann rollst du kleine Kugeln aus der Watte und klebst sie auf das Schaf.

4 Klebe jedem Tier zwei Wackelaugen auf. Die Gesichter malst du mit den Stiften auf. Die Wangen kannst du mit dem Buntstift röten.



## DU BRAUCHST

* 3 ausgeblasene Eier
* Acrylfarbe in Hellbraun, Weiß, Gelb, Hellgelb und Schwarz
* Pinsel
* Bastelfilz in Weiß, Rosa, Orange und Schwarz
* Schere
* UHU® Alleskleber Gel
* Watte
* 6 Wackelaugen, ø 8 mm
* Filzstift in Schwarz
* Gelschreiber in Weiß
* Buntstift in Rot

Vorlagen: Ohren, Kamm, Schnabel und Füße Seite 129

# Ast-Hasen

## DU BRAUCHST

* Ast mit dicker Astgabel
* Handsäge für Kinder
* Werkbank oder alter Tisch und Schraubzwinge
* dicke, flauschige Wolle, z. B. in Rosa, Hellgrün oder Gelb
* Wattestäbchen
* Bastelfarbe in Weiß
* Filzstift in Schwarz
* Jutekordel, 6 cm lang
* Alleskleber

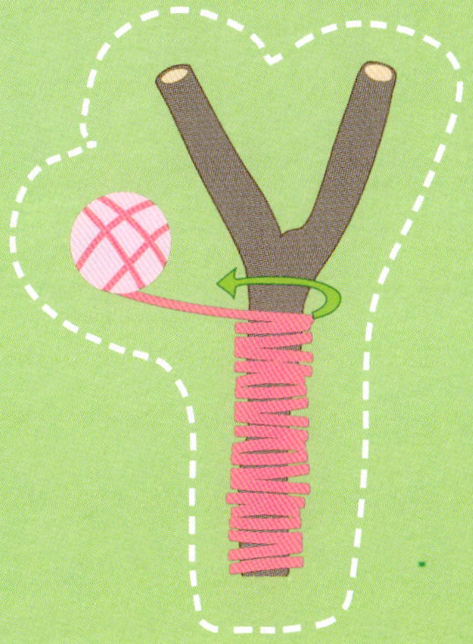

1 Säge den Ast etwa 8 cm unterhalb der Astgabel ab. Über der Astgabel lässt du die Zweige etwa 5 cm stehen, den Rest sägst du ebenfalls ab.

2 Wickle nun die Wolle unterhalb der Astgabel um den Ast. Das Ende einfach unter den Fäden einstecken.



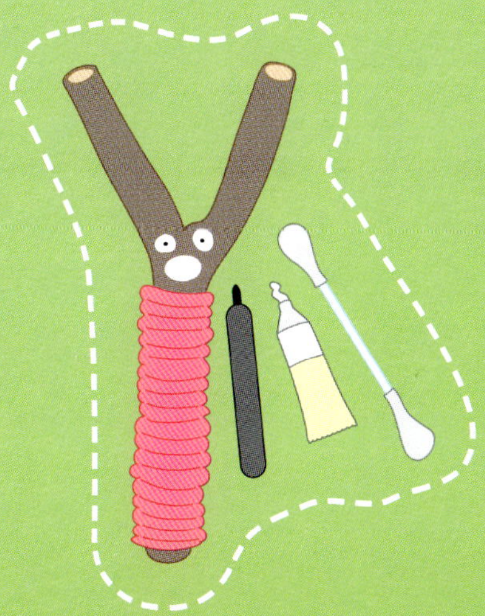

3 Tupfe mit dem Wattestäbchen zwei weiße Augen und die Schnauze auf und male nach dem Trocknen der Farbe schwarze Pupillen auf.

4 Mach einen einfachen Knoten mittig in das Jutegarn, spalte die Enden auf und klebe den Knoten mittig auf die Schnauze.

# Oster-Nest

1 Blase den Luftballon auf und mach einen Knoten in das Ende. Dann bestreichst du die untere Hälfte dick mit Tapetenkleister.

2 Verteile Heu auf der unteren Hälfte, drück es mit der Hand an und bestreiche es mit Tapetenkleister. Das machst du so oft, bis der Ballon gut bedeckt ist.

3 Hänge den Ballon am Knoten zum Trocknen auf. Das kann, je nach Dicke der Heuschicht, ein paar Tage dauern. Wenn alles ganz trocken und fest ist, kannst du den Ballon zerschneiden und vorsichtig entfernen.

4 Schneide den Rand des Osternestes mit der Schere in Form. Fädle das Geschenkband in die Sticknadel und webe es am Rand entlang durch das Heu. Die Enden verknoten.

## DU BRAUCHST

* Luftballon
* Tapetenkleister
* Pinsel
* Heu
* dicke Sticknadel
* Geschenkband in Hellgrün
* Schere

# Kuchen im Ei

## DU BRAUCHST

* 10 gefärbte, rohe Eier
* Stecknadel
* Speiseöl
* Alufolie
* Muffinbackform
* Spritztüten

Für den Teig

* 1 Ei (Größe L)
* 50 g Margarine
* ½ Packung Vanillezucker
* 50 g Zucker
* 125 g Dinkelmehl, Typ 630
* 1 TL Backpulver
* 100 ml Milch
* nach Wunsch Lebensmittelfarben

1 Stich mit der Stecknadel ein kleines Loch in das spitze Ende der Eier. Danach brichst du am dicken Ende ein fingerdickes Loch in die Schalen und schüttest den Inhalt heraus.

2 Spüle die Eier gut aus und lass sie trocknen. Danach füllst du etwas Öl hinein und drehst die Eier hin und her, damit die Innenseite mit Öl bedeckt wird.

3 Alle Zutaten für den Teig in einer Rührschüssel zu einem glatten Teig verrühren. Wenn die Kuchen-Eier bunt werden sollen, teilst du den Teig in mehrere Portionen und färbst diese mit Lebensmittelfarbe ein.

4 Forme mit Alufolie kleine Nester in den Vertiefungen der Muffinform und setze die Eier hinein. Fülle den Teig mit den Spritztüten in die Eier, bis sie etwa zur Hälfte voll sind. Bei 180 Grad (Ober- und Unterhitze) etwa 20 Minuten backen.

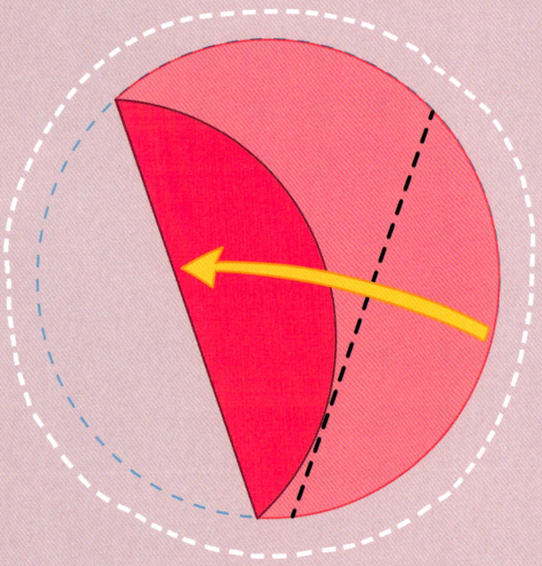

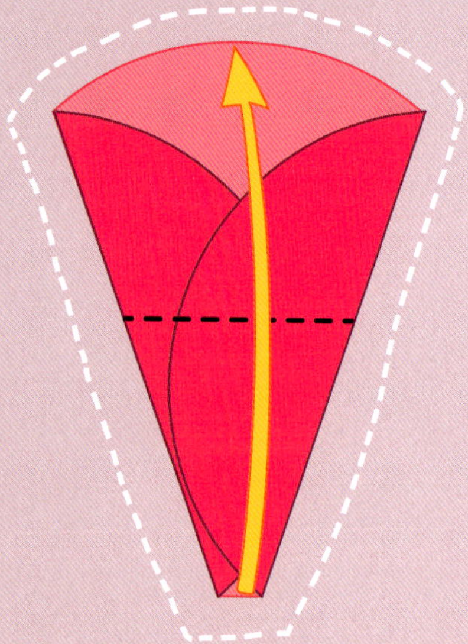

1 Schneide aus dem Tonpapier einen 21 cm großen Kreis aus. Falte die rechte und die linke Seite des Kreises zur Mitte, sodass eine Spitztüte entsteht.

2 Falte die untere Spitze nach oben, sodass sie oben auf dem Rand der Tüte liegt.

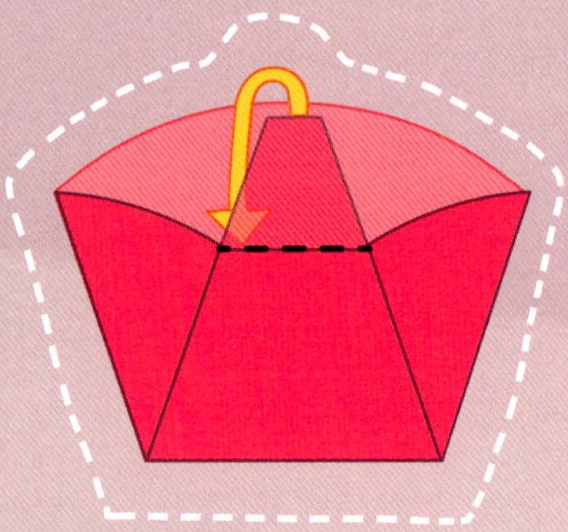

3 Schlage das obere Ende der Spitze nach unten und stecke es in das Körbchen. Die Faltkante glattstreichen.

4 Schneide mithilfe der Vorlage drei Eier aus. Verziere sie mit den Klebepunkten und lege sie mit dem Ostergras in das Körbchen.

# Osterkörbchen

## DU BRAUCHST:

* Tonpapier in Pink, 25 cm x 25 cm
* Bleistift
* Schere
* Tonpapierreste in Gelb, Orange und Lila
* Klebepunkte
* Ostergras

Vorlage: Ei auf Seite 131

**TIPP**
Lege für den Papierkreis einen Teller auf das Tonpapier. Zeichne einmal mit dem Bleistift drumrum und schneide ihn aus.

IM
SOMMER

# Eierkarton-Schiff

## DU BRAUCHST:

* Eierkarton mit 6 Fächern
* Schere
* Bastelfarbe in Rot und Weiß
* Pinsel
* Tonpapier in Dunkelblau, A5, und Rest in Weiß
* Motivpapier in Rot-Weiß kariert, A5
* Bleistift
* Bürolocher
* Alleskleber
* 2 dünne Zweige, 15 cm und 18 cm lang

Vorlagen: Segel, Fahne und Fisch auf Seite 132

1 Schneide den Deckel des Eierkartons und den Rand mit der Schere gerade ab.

2 Male den Eierkarton außen rot an. Nach dem Trocknen die Innenseite weiß anmalen und an der Oberkante außen einen Streifen aufmalen.

3 Die Segel, die Flagge und den Fisch mithilfe der Vorlage ausschneiden. Dann stanzt du in die Segel jeweils oben und unten ein Loch und das Fischauge aus.

4 Klebe den Fisch auf das kleine Segel. Dann fädelst du die Zweige durch die Löcher in den Segeln und klebst die Maste in die Eierkartonzapfen. Zuletzt die Flagge um den hinteren Mast kleben.

# Schatzkiste

1 Schneide die Spitzen der großen Hütchen im Innern der Schachtel mit der Schere ab. Danach die unteren Enden der Hütchen an allen vier Kanten bis zum Boden einschneiden.

2 Drücke die eingeschnittenen Seiten der Hütchen flach auf den Boden und klebe sie aufeinander, sodass die zwei Öffnungen im Boden geschlossen werden.

3 Male die Schachtel außen braun und innen mit goldener Farbe an. Den Verschlussknopf malst du ebenfalls golden an. Trocknen lassen.

4 Jetzt zwei 1,5 cm breite und 20 cm lange Streifen aus der Alubastelfolie ausschneiden und die Streifen und das Schloss mit dem Permanentmarker verzieren. Klebe die Streifen um den Deckel der Schatzkiste und schneide sie bündig ab.

## DU BRAUCHST:

* Eierkarton mit 6 Fächern und mittigem Verschluss an der Klappe
* Schere
* Alleskleber
* Bastelfarbe in Braun und Gold
* breiter Borstenpinsel
* Alubastelfolie in Gold, matt, ca. 20 cm x 5 cm
* Bleistift
* Lineal
* Permanentmarker in Schwarz

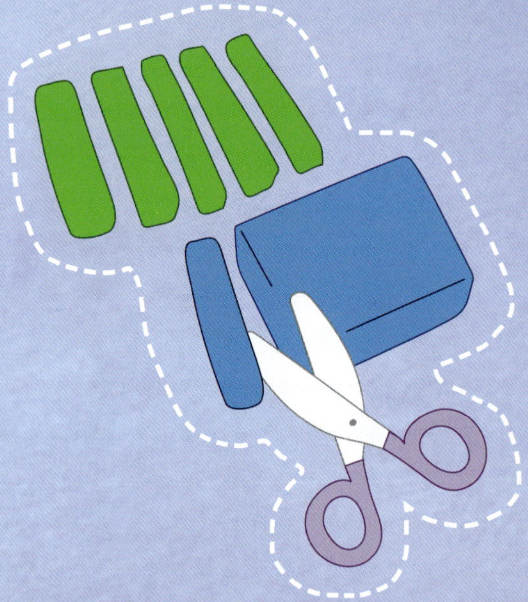

1 Schneide die raue Seite der Schwämme vorsichtig mit dem Messer ab.

2 Zerschneide die Schwämme jeweils in vier bis fünf Streifen.

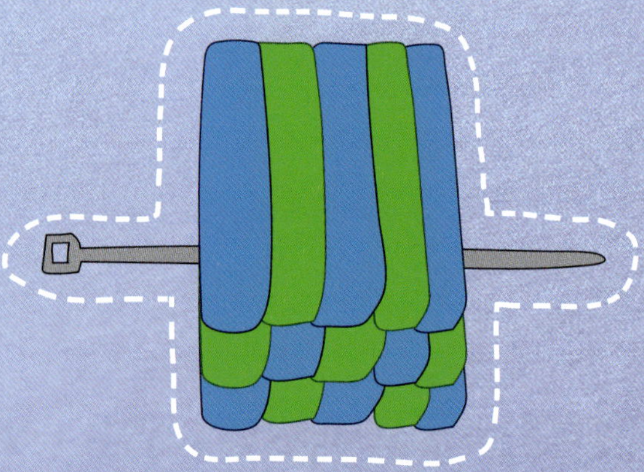

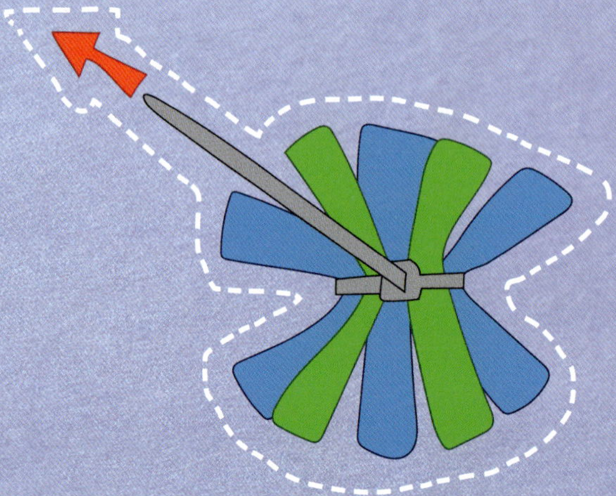

3 Staple die Streifen auf dem Kabelbinder ordentlich übereinander.

4 Fädle das spitze Ende des Kabelbinders durch die Öse, ziehe den Kabelbinder ganz fest und schneide das Ende ab. Ab ins Wasser und los geht die Wasserschlacht!

# Dauer-Wasserbomben

## DU BRAUCHST

* 3 Putzschwämme, ca. 8 cm × 5 cm × 3 cm
* altes Essmesser
* Schere
* Kabelbinder

**TIPP:**
Natürlich kannst du die raue Seite der Schwämme auch dranlassen. Deine Wasserbombe funktioniert dann genauso, sieht aber vielleicht nicht ganz so hübsch aus.

# Kieselstein-Biene

## DU BRAUCHST

* Kieselstein, oval, ca. 6 cm lang
* Bastelfarbe in Gelb und Schwarz
* Pinsel
* Schreibpapier
* Filzstift in Hellblau
* Schere
* Alleskleber
* 2 Wackelaugen, ø 1 cm
* Chenilledraht in Braun, 2x 5 cm lang

Vorlage: Flügel auf Seite 130

1 Male den Kieselstein gelb an. Nach dem Trocknen malst du mit Schwarz den Kopf und die Streifen auf.

2 Lege die Vorlage für den Flügel zweimal auf das Schreibpapier und umfahre sie mit dem Filzstift.

3 Schneide die Flügel aus und klebe sie mit der Spitze auf die Biene.

4 Klebe die Wackelaugen und die Chenilledrähte als Fühler an den Kopf. Fertig ist die Biene!

# Blüten-Eis

1 Zupfe einzelne Blütenblätter aus den Blüten oder entferne die Stiele und grünen Teile.

2 Vermische den Holunderblütensirup mit dem Wasser oder dem Joghurt.

3 Gib die Blüten in die Eisformen und füll das Holunderwasser oder den Joghurt bis fingerbreit unter den Rand ein.

4 Die Formen liegend im Gefrierschrank über Nacht (ca. 12 Stunden) zu Eis werden lassen.



## DU BRAUCHST

* essbare Blüten, z. B. Kornblume, Lavendel, Wildrose, Ringelblume, Kamille, roter Klee, Taubnessel
* 100 ml Holunderblütensirup
* 200 ml Wasser oder Joghurt
* 4 Eis-am-Stiel-Formen, 75 ml

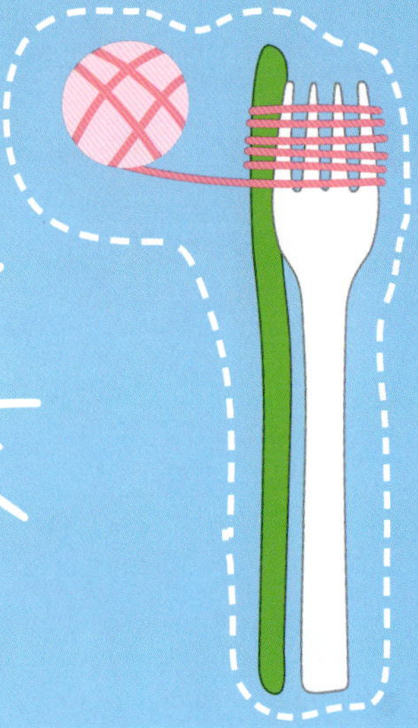

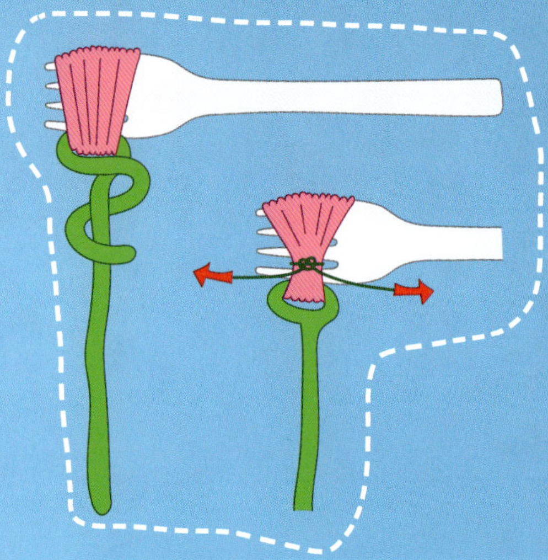

1 Nimm die Gabel vorn in die Hand und lege ein 15 cm langes Stück Chenilledraht an einer Seite an. Wickle die Wolle um die Gabel und den Chenilledraht, bis ein kleines Knäuel entstanden ist. Den restlichen Wollfaden abschneiden.

2 Den Chenilledraht fest um die Wolle verdrehen.
Ein Stück Wolle durch die erste Öffnung der Gabel fädeln und fest um das Knäuel verknoten.

3 Das Knäuel von der Gabel ziehen und die Schlaufen am oberen Ende aufschneiden.

4 Die grüne Wolle am Stielansatz anknoten und fest um das untere Ende der Blüte wickeln. Das Ende festknoten und abschneiden.

# GABEL-POMPON BLUME

## DU BRAUCHST

* Gabel
* Chenilledraht in Hellgrün, Hellblau und Gelb
* Wolle in Gelb, Rosa, Weiß und Grün
* Schere

1 Rolle den Salzteig mit dem Nudelholz aus, bis er etwa fingerdick ist.

2 Mach mit dem Rand der Schale einen leichten Abdruck in den Teig und lege den Kreis mit Blüten und Blättern aus.



# Salzteig-Anhänger

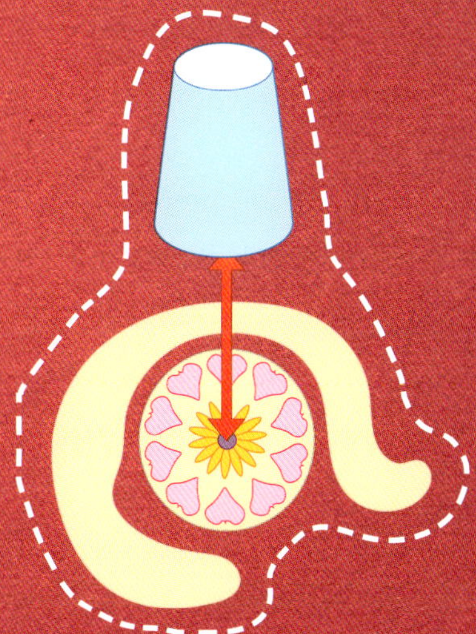

3 Rolle leicht mit dem Wellholz über den Kreis, damit die Blüten und Blätter in den Teig gedrückt werden.

4 Stanze den Kreis mit der Schale aus und lass ihn auf einem Backblech bei 125 Grad etwa 1,5 Stunden im Backofen trocknen.

**TIPP**
Stanze vor dem Backen mit einem Trinkhalm ein Loch in den Teig, damit du den Blütenkreis aufhängen kannst.

## DU BRAUCHST

* Salzteig (siehe Grundrezept auf Seite 127)
* Teigrolle
* Glas oder Schale, ø ca. 8 cm
* Blüten und Blätter

## DU BRAUCHST

* Pappteller, ø 23 cm
* Schere
* Wasser- oder Bastelfarbe
* Pinsel
* Klebefolie in Transparent, 20 cm x 20 cm
* Blumen, Blätter, Gräser usw.

Vorlage: Kreis auf Seite 133

# Sonnenfänger

1 Schneide aus dem Teller einen Kreis mit etwa 2 cm weniger Durchmesser als die Schablone aus, damit du einen runden Rahmen hast.

2 Bemale den Pappteller-Rahmen mit Farbe und lass ihn gut trocknen.

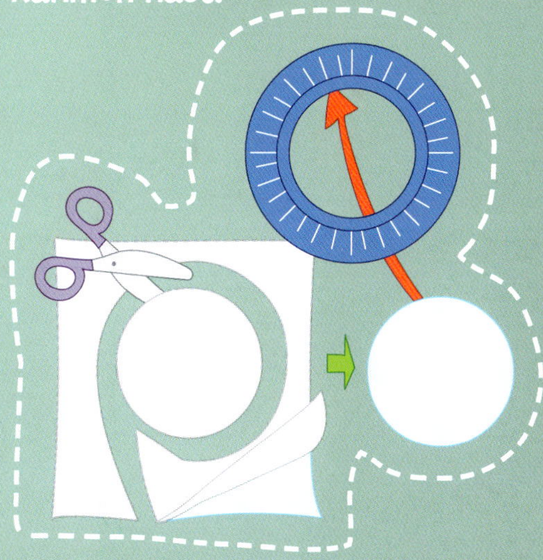

3 Zeichne mithilfe der Schablone einen Kreis auf die Rückseite der Klebefolie und schneide ihn aus.

4 Klebe den Kreis von hinten an den Rahmen und klebe von vorn Blätter, Blüten oder Gräser auf die Folie.

# Tröten-Frosch

1 Male die Wattekugeln grün an und lass sie trocknen. Das gelingt am leichtesten, wenn du die Kugeln auf ein Schaschlikstäbchen spießt.

2 Schneide die Füße mithilfe der Vorlage aus. Stich an der Markierung mit der Nadel ein Loch, fädle die Pfeifenputzer hindurch und verdrehe die Enden miteinander.

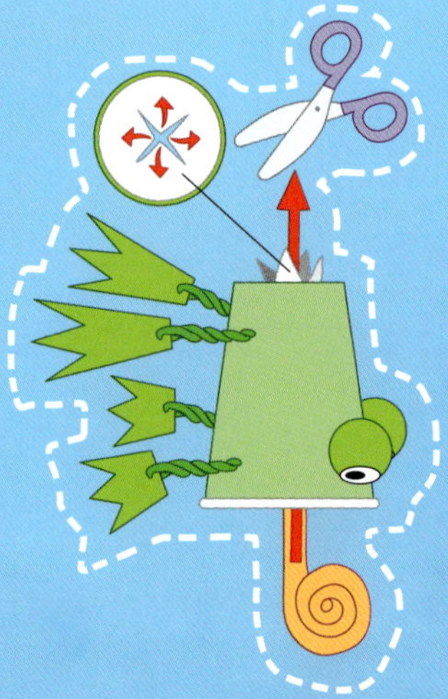

3 Die Wackelaugen auf die grünen Kugeln kleben. Dann klebst du die Beine und die Augen an den Becher.

4 In den Becherboden über Kreuz zwei kleine Schlitze einschneiden und die Tröte mit dem Mundstück einstecken. Wenn du jetzt in die Tröte pustest, streckt der freche Frosch die Zunge raus!

# DU BRAUCHST:

* 2 Wattekugeln in Weiß, ⌀ 2,5 cm
* 2 Schaschlikstäbchen
* Bastelfarbe in Grün
* Pinsel
* Tonkartonrest in Grün
* Bleistift
* Schere
* Sticknadel
* Pfeifenputzer in Grün, 4x 8 cm lang
* 2 Wackelaugen, ⌀ 1,5 cm
* Alleskleber
* Pappbecher in Grün mit Punkten
* Tröte mit Papierrüssel in Rot gemustert

Vorlagen: Vorder- und Hinterbeine auf Seite 129

TIPP

Wenn du keinen grünen Pappbecher hast, kannst du auch einen weißen Pappbecher nehmen und ihn anmalen.

1 Reiße das Transparentpapier in Stücke. Bestreiche den Luftballon mit dem Kleister und klebe die Schnipsel deckend auf. Den unteren Bereich lässt du dabei frei. Dein Ballon sollte insgesamt drei Schichten bekommen. Alles gut trocknen lassen.

2 Das Seidenpapier in Streifen reißen und mit Kleister länglich auf den Ballon kleben. Erneut gut trocknen lassen.

3 Lass den Luftballon platzen, entferne ihn aus dem Papierballon und schneide die Öffnung mit der Schere schön rund.

4 Hänge das Muffinförmchen als Korb unter den Heißluftballon, indem du es mithilfe der vier Wollfäden anklebst. Zuletzt die Klebepunkte aufkleben.

# Heißluftballon

**TIPP**
Bring oben einen Faden an, damit du den Heißluftballon aufhängen kannst. Wenn du noch eine LED-Kerze in das Förmchen stellst, hast du ein schönes Schlaflicht.

## DU BRAUCHST:

* Transparentpapier in Weiß, 50 cm x 70 cm
* Luftballon, aufgeblasen ca. ø 16 cm
* Tapetenkleister
* Pinsel
* Seidenpapier in Lila, Blau und Rot, 25 cm x 70 cm
* Schere
* Kronen-Muffinförmchen in Rot, ø 5 cm
* Wollfaden in Blau, 4x 10 cm lang
* Alleskleber
* Klebepunkte in Lila, ca. ø 1 cm

# Aquarium mit Handabdruck-Fisch

DU BRAUCHST

* 3 Pappteller
* Schere
* Bastelfarbe in Hellblau, Orange und Gelb
* breiter Flachpinsel
* Wackelauge, ø 1,2 cm
* Klebstoff
* Gelstift in Weiß
* Sand
* kleine Steine oder Muscheln
* Bandreste in Hellgrün

1 Schneide aus einem Teller den Boden raus, sodass ein runder Rahmen entsteht. Male den Rahmen und den zweiten Teller mit blauer Farbe an. Trocknen lassen.

2 Gib die gelbe und orange Farbe auf einen leeren Pappteller. Drücke deine Hand in die Farbe und anschließend auf den blau bemalten Pappteller. Trocknen lassen.

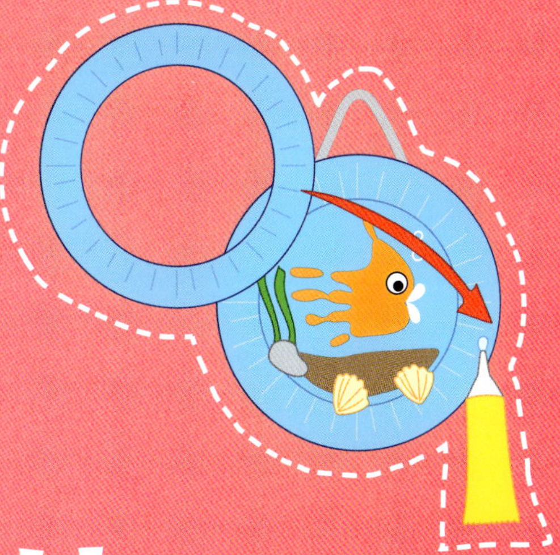

3 Gestalte den Teller als Aquarium. Klebe dazu Sand, kleine Steine oder Muscheln und Wasserpflanzen aus grünen Bändern auf. Klebe das Wackelauge auf den Fisch und male mit dem weißen Gelstift einen Mund und Blubberblasen auf.

4 Klebe oben ein Stück Wolle oder Band als Aufhängung an und klebe dann den Rahmen auf den Teller.

# Stockfisch

1 Schneide mithilfe der Vorlage den Kopf und die Flosse des Fisches aus dem blauen Tonkarton aus. Stanze mit dem Bürolocher die Löcher hinein.

2 Brich die Äste in sechs Stücke, die zwischen 5 cm und 10 cm lang sind. Bemale die Äste mit der Farbe und lass sie trocknen.

3 Lege die Paketschnur doppelt und knote sie an der Flosse fest. Knote dann nacheinander die Äste fest. Fädle den Kopf des Fisches auf.

4 Zum Schluss klebst du das Wackelauge auf und verknotest die Schnurenden, damit du den Fisch aufhängen kannst.

## DU BRAUCHST

* Tonkarton in Blau, A5
* Bleistift
* Schere
* Bürolocher
* Äste, ø 1–1,5 cm
* Acryl- oder Abtönfarbe
* Pinsel
* Paketschnur, 1 m lang
* Wackelauge, ø 2 cm
* Bastelkleber

Vorlagen: Fisch auf Seite 131

# Muschelkunst

## DU BRAUCHST

* Salzteig in Blau (siehe Seite 127)
* Teigrolle
* Backpapier
* Messer
* Trinkhalm
* Muscheln
* dickes Garn, ca. 50 cm lang

1 Rolle den Salzteig etwa 1 cm dick auf dem Backpapier aus und schneide ein etwa 11 cm x 11 cm großes Quadrat mit dem Messer aus.

2 Stich mit dem Trinkhalm an allen vier Ecken je zwei Löcher in den Teig.

3 Drück die Muscheln in der Mitte des Quadrats in den Teig. Dann lässt du alles mindestens einen Tag lang an der Luft trocknen.

4 Trockne nun den Salzteig im Backofen, wie auf Seite 127 beschrieben. Nach dem Abkühlen fädelst du das Garn durch die Löcher und verknotest oben die Enden. Fertig ist deine Urlaubserinnerung!

# Flecken-Schildkröte

1 Reiße das Transparentpapier in Stücke und klebe diese mit dem Klebestift auf die Unterseite des Tellers.

2 Schneide mithilfe der Vorlage vier Füße, den Kopf und den Schwanz aus dem Tonkarton aus.

3 Die Wackelaugen auf den Kopf kleben.

4 Zum Schluss klebst du die Füße, den Schwanz und den Kopf an den Schildkrötenkörper.

## DU BRAUCHST:

* Transparentpapier in Blau, Gelb und Grün, je A4
* Klebestift
* Pappteller in Weiß, ø 23 cm
* Tonkarton in Grün, A5
* Bleistift
* Schere
* 2 Wackelaugen, ø 1,5 cm

Vorlagen: Fuß, Schwanz und Kopf auf Seite 132

# Melonen-Fächer

1 Male an einer langen Seite des Tonpapiers einen grünen und daneben einen schmalen weißen Streifen auf. Die restliche Fläche mit braunen Punkten verzieren. Alles gut trocknen lassen.

2 Die Eisstiele rundum rot anmalen und trocknen lassen.

3 Falte das Papier von einer schmalen Seite zur anderen wie eine Ziehharmonika ca. 1,5 cm breit auf (siehe Seite 122).

4 Klebe je einen Eisstiel an den ersten und an den letzten Faltabschnitt, fächere das Papier auf und klebe sie unten zusammen.



## DU BRAUCHST:

* Tonpapier in Rot, 8 cm x 21 cm
* Bastelfarbe in Rot, Grün und Braun
* Pinsel
* Gelstift in Weiß
* 2 Eisstiele, 11,5 cm lang
* Bleistift
* Lineal
* Alleskleber

## DU BRAUCHST:

* Pappteller in Weiß, ø 23 cm
* Schere
* Bleistift
* Bastelfarbe in Pink
* Pinsel
* Filzstift in Schwarz
* Wackelauge, ø 1 cm
* Alleskleber
* Seidenpapier in Rosa und Pink, 50 cm x 70 cm
* Klebestift
* Pfeifenputzer in Orange, 2x 25 cm lang

Vorlage: Flamingokopf auf Seite 132

# Flausch-Flamingo

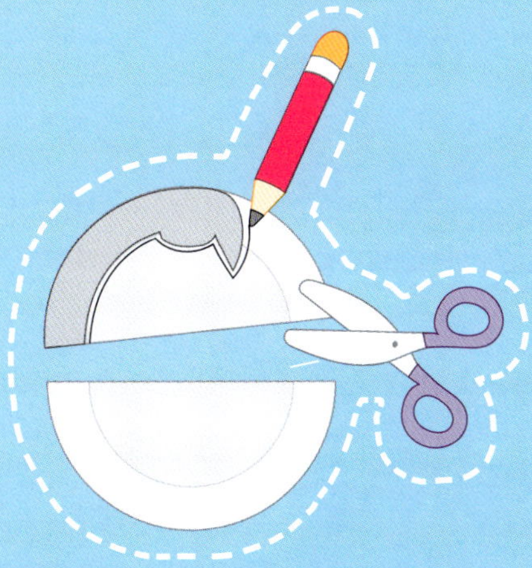

1 Schneide den Pappteller einmal in der Mitte durch. Aus dem Rand der oberen Hälfte schneidest du mithilfe der Vorlage den Kopf mit dem langen Hals aus.

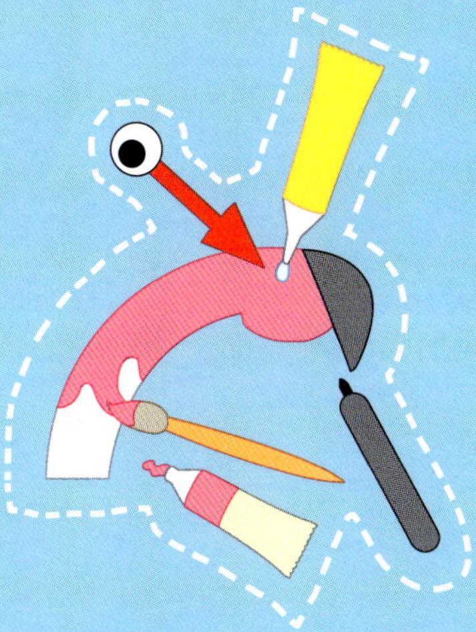

2 Male den Kopf und den Hals an. Den Schnabel malst du mit Filzstift auf. Nach dem Trocknen das Wackelauge aufkleben.



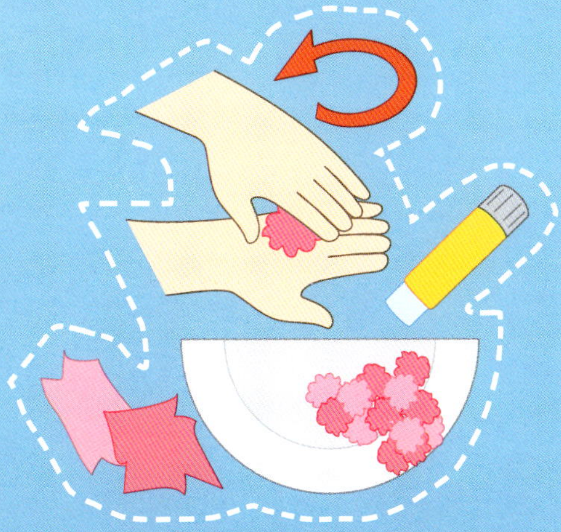

3 Reiße das Seidenpapier in Schnipsel, knülle sie zusammen und klebe sie mit dem Klebestift dicht aneinander auf den Körper.

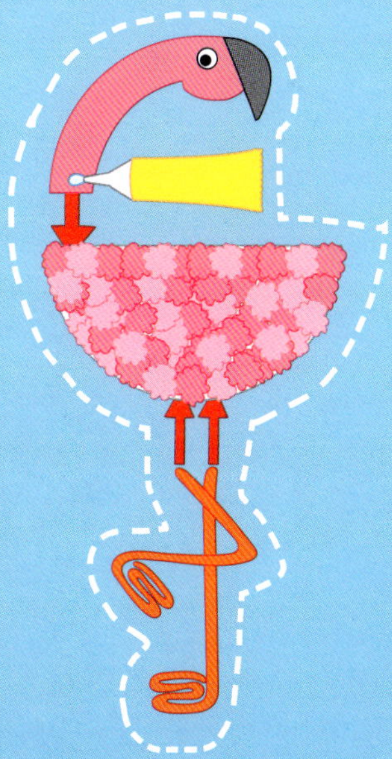

4 Klebe den Hals am Körper fest. Dann die Pfeifenputzer jeweils an einem Ende zu einem Fuß biegen und auf der Rückseite ankleben.

IM
HERBST

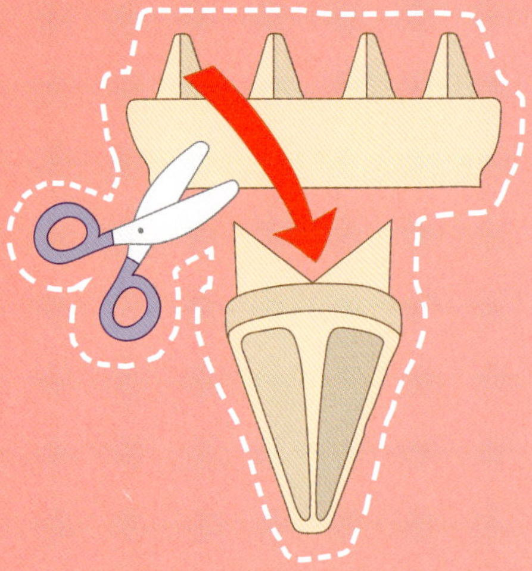

**1** Schneide aus dem Eierkarton ein großes Hütchen aus, das oben links und oben rechts ein Ohr hat.

**2** Male das Hütchen in den Farben des Waldbewohners an und lass alles gut trocknen.

## HINWEIS

Für den Hasen schneidest du lange Ohren aus dem Eierkarton aus und klebst sie in das Hütchen hinein. Die Zähne aus weißem Tonkarton ausschneiden. Für das Hirschgeweih biegst du braune Pfeifenputzer zurecht und klebst sie auf den Kopf.

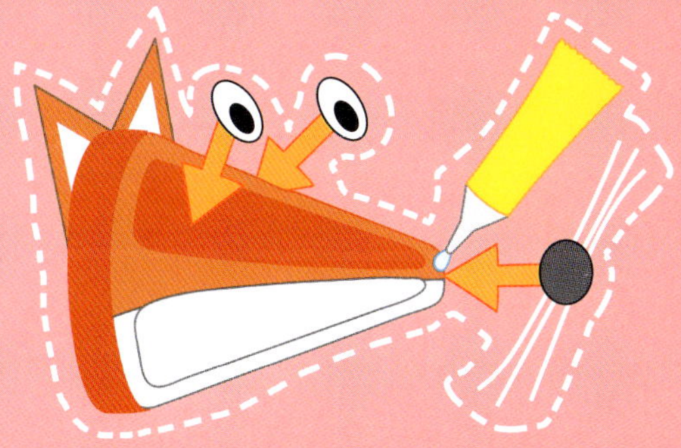

3 Schneide eine kleine Schnauze aus und klebe sie zusammen mit ein paar Fäden als Barthaare auf. Die Wackelaugen ebenfalls aufkleben.

4 Übertrage die Vorlage für die Wandtafel auf den Tonkarton. Schneide sie aus, gestalte sie mit Filz- oder Glitzerstiften und klebe den Kopf auf.



# Wald-tiere

## DU BRAUCHST:

* Eierkarton
* Schere
* Pinsel
* Bastelfarbe in Orange, Weiß und Braun
* Tonkarton in Blau, Grün und Lila, 10 cm x 12 cm, und Rest in Schwarz, Rosa und Weiß
* Stickgarn in Weiß, 10 cm lang
* Alleskleber
* je 2 Wackelaugen, ca. ø 7 mm
* Bleistift
* Filz- und Glitzerstifte
* Pfeifenputzer in Braun

Vorlage: Wandtafel auf Seite 131

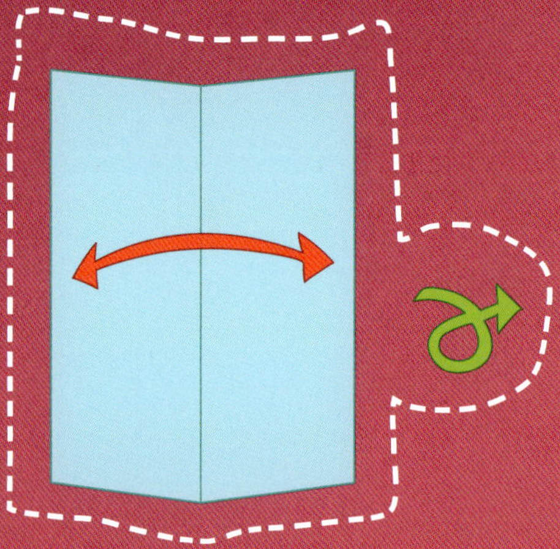

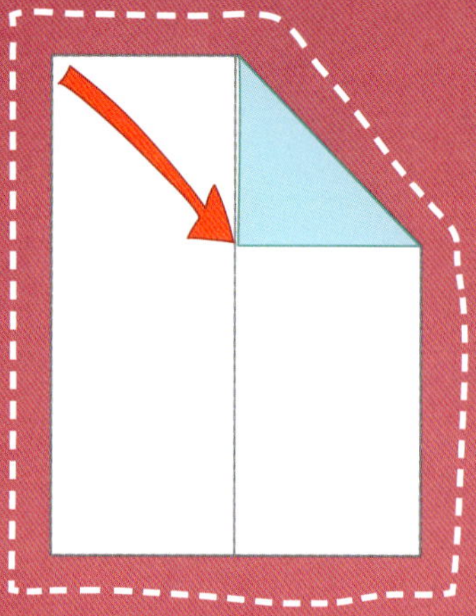

1 Falte das Papier einmal in der Mitte und öffne es wieder.

2 Wende das Papier und schlage die obere rechte Ecke bis zur Faltkante ein. Die obere linke Ecke ebenso falten.

3 Falte die untere rechte Ecke nach links und schneide das Papier an der Faltkante in der Mitte ab. Mit der unteren linken Ecke wiederholen.
Klebe die vier Ecken mit etwas Klebstoff fest.

4 Binde mit der Wolle drei Schleifen aus Krepppapier. Aus dem Tonpapier einen Mund und zwei Augen ausschneiden. Die Schleifen und das Gesicht aufkleben. Knote drei kleine Krepppapier-Stücke an einen Wollfaden und klebe diesen auf der Rückseite unten an den Drachen.

# Drachen

## DU BRAUCHST

* Motivpapier Rosa und Grün gemustert, A4
* Schere
* Klebstoff
* Wollreste in Petrol
* Krepppapierreste in Grün und Rosa
* Tonpapierrest in Rosa und Rotviolett
* 2 Wackelaugen, ø 1,5 cm

# Blätterkarten

1 Knicke am Ahornblatt die mittlere Spitze vorsichtig nach hinten und klebe es auf das Tonzeichenpapier.

2 Auf das zweite Tonzeichenpapier klebst du zwei Lindenblätter.

3 Die Wackelaugen aufkleben.

4 Die Nasen, die Barthaare und Ohren der Katze und der Mäuse mit dem Filzstift aufmalen.



## DU BRAUCHST

* gepresste Blätter von Ahorn und Linde
* Klebstoff
* Tonzeichenpapier in Lila und Hellblau, 10 cm × 14 cm
* 6 Wackelaugen, ø 4–8 mm
* Filzstift in Schwarz

# Fliegenpilze

## DU BRAUCHST

* 2 Tonzeichenpapierstreifen in Weiß, 2 cm breit, 25 cm lang
* Klebstoff
* Bleistift
* Tonzeichenpapierrest in Rot
* Gelstift in Weiß
* Schere

Vorlage: Pilzhut Seite 131

1 Falte mit den beiden Papierstreifen eine Hexentreppe (siehe Seite 122) und klebe die Enden aufeinander.

2 Zeichne mithilfe der Vorlage den Pilzhut auf das rote Papier, male die weißen Punkte mit dem Gelstift auf und schneide den Pilzhut aus.

3 Gib etwas Klebstoff auf die gestrichelte Fläche (siehe Vorlage) und klebe die geraden Kanten aufeinander, sodass ein Hut entsteht.

4 Sobald der Klebstoff trocken ist, kannst du den Hut auf die Hexentreppe kleben. Gut andrücken und festhalten, bis der Klebstoff trocken ist.

# Apfeltasche

1 Die Plastikfolie in die Tasche schieben, damit die Farbe nicht auf die Rückseite der Tasche durchsickern kann. Den Apfel für den Stempel mit dem Messer in zwei Hälften schneiden.

2 Mach dir zwei Stempelkissen. Lege dazu die Schwammtücher auf die Teller und gib einmal die rote Farbe und einmal die grüne Farbe darauf. Drücke den Apfel auf das rote Stempelkissen, bis die Schnittfläche ganz rot ist.

3 Stemple den Apfel in gleichmäßigen Abständen auf die Tasche und drücke ihn dazwischen immer wieder auf das Stempelkissen. Lass dabei einzelne Stellen frei und ergänze dort nachher grüne Apfelabdrucke.

4 Wenn die Farbe getrocknet ist, malst du mit dem Stoffmalstift die Apfelstiele auf.

5 Entferne die Plastikfolie und bügle deine Tasche mit dem heißen Bügeleisen, damit die Stoffmalfarbe haltbar wird und in der Waschmaschine gewaschen werden kann. Lass dir dabei von einem Erwachsenen helfen.

## DU BRAUCHST

* Plastikfolie
* Jutetasche in Weiß, vorgewaschen
* Apfel
* Messer
* 2 Schwammtücher
* 2 Teller
* Stoffmalfarbe in Rot und Grün
* feiner Stoffmalstift in Schwarz
* Bügeleisen

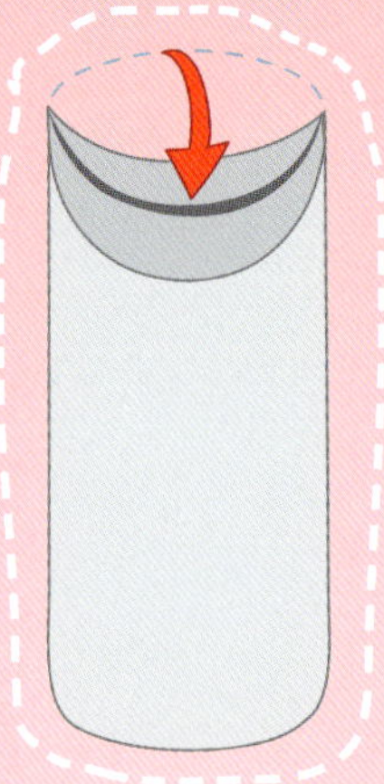

1 Die Klopapierrolle an einem Ende von beiden Seiten nach innen knicken.

2 Die Klopapierrolle mit Bastelfarbe bemalen und trocknen lassen. Dann kannst du der Eule mit Bastelfarbe einen Bauch aufmalen und zwei spitze Ohren. Für den Schnabel ein kleines Dreieck aus dem Tonpapier ausschneiden. Den Schnabel und die Wackelaugen aufkleben.

3 Lege deine Hände nacheinander auf das Tonpapier und umfahre sie mit dem Bleistift. Die Hände mit der Schere ausschneiden.

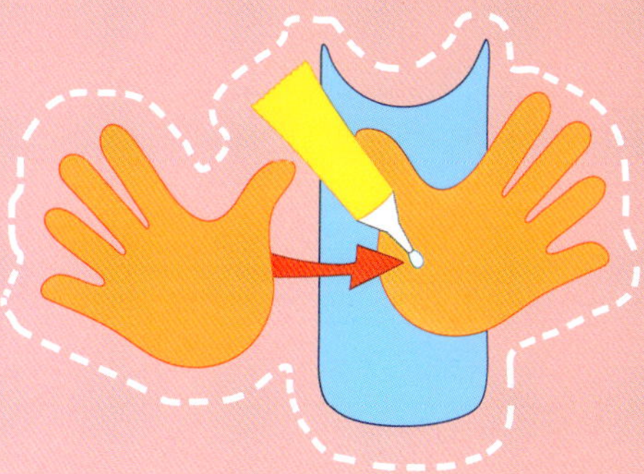

4 Die Hände als Flügel an den hinteren Teil der Klopapierrolle kleben.



# Eulen

## DU BRAUCHST

* Klopapierrolle
* Pinsel
* Bastelfarbe
* Tonpapier
* Schere
* Klebstoff
* Bleistift
* 2 Wackelaugen, ø 1–1,2 cm

# Mais-Rakete

1 Falte die Blätter des Maiskolbens nach unten und schneide sie ab, sodass sie nur noch etwa 5 cm lang sind. Schneide die Enden spitz zu.

2 Bemale die Blätter mit Gelb und Rot, sodass sie wie Feuer aussehen. Die Spitze der Rakete malst du silberfarben an. Gut trocknen lassen.

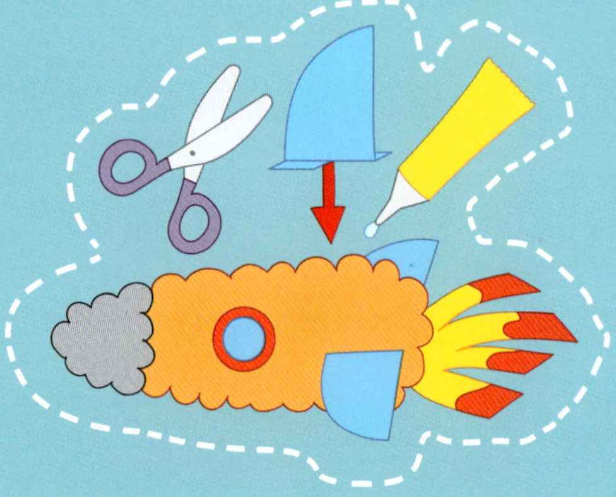

3 Schneide mithilfe der Vorlage drei Flügel, zwei große und zwei kleine Kreise aus dem Tonkarton aus. Knicke die Klebeflächen der Flügel auseinander und klebe alles wie abgebildet auf den Maiskolben.

4 Schneide die runden Enden der Korken mit dem Messer ab, male sie silberfarben an und klebe sie nach dem Trocknen auf den Mais. Klebe die Wackelaugen auf und male die Münder auf.

## DU BRAUCHST

* getrockneter Maiskolben mit Blättern
* Schere
* Acrylfarbe in Gelb, Rot und Silber
* Pinsel
* Tonkartonreste in Hellblau und Rot
* Bastelkleber
* 2 Sektkorken
* Küchenmesser mit Wellenschliff
* 4 Wackelaugen, ø 7 mm
* feiner Filzstift in Schwarz

Vorlagen: Flügel und Fenster auf Seite 131

# Kastanien-tiere



## DU BRAUCHST

* Schaschlikstäbchen
* 3 Kastanien
* Chenilledraht in Gelb, Orange und Lila, je 15 cm und 2 cm lang
* Expressholzleim
* 6 Wackelaugen, ø 1 cm
* Eichenkappe, Bucheckernschale, Tannenzapfenschuppen
* Feder in Orange

1 Stich mit dem Schaschlikstäbchen unten ein Loch in die Kastanie. Stecke die Enden des langen Chenilledrahtes in das Loch und forme aus dem Rest zwei Füße, damit die Kastanie stehen kann.

2 Klebe die Wackelaugen auf. Stich dann zwischen den Augen ein Loch in die Kastanie. Stecke den kurzen Chenilledraht als Schnabel ein und biege ihn nach unten.

3 Klebe oben eine Eichenkappe oder eine Bucheckernschale auf die Kastanie. Oder stich ein Loch in die Kastanie und stecke die Feder ein.

# Kork-Igel

1 Säge die Ecken an einer Schmalseite des Korkklotzes schräg ab, sodass eine Schnauze entsteht.

2 Flache die Schnauze mit der Raspel schräg ab, sodass sie spitz zuläuft. Danach glättest du die Flächen und Kanten mit dem Schleifpapier.

3 Klebe den Pompon auf die Nasenspitze und die Wackelaugen auf das Gesicht. Den Körper malst du mit der Farbe an. Trocknen lassen.

4 Schlage mit dem Hammer die Nägel als Stacheln ein. Je gleichmäßiger die Stacheln verteilt sind, desto schöner sieht es aus.



## DU BRAUCHST

* Schleifklotz aus Kork, 5,5 cm x 11 cm x 2,5 cm
* Handsäge
* feine Raspel
* Schleifpapier, 100er Körnung
* Minipompon in Schwarz, ø 1 cm
* Expressholzleim
* 2 Wackelaugen, ø 1,2 cm
* Acryl- oder Abtönfarbe in Flieder
* Pinsel
* Nägel, 2,8 mm x 65 mm
* Hammer

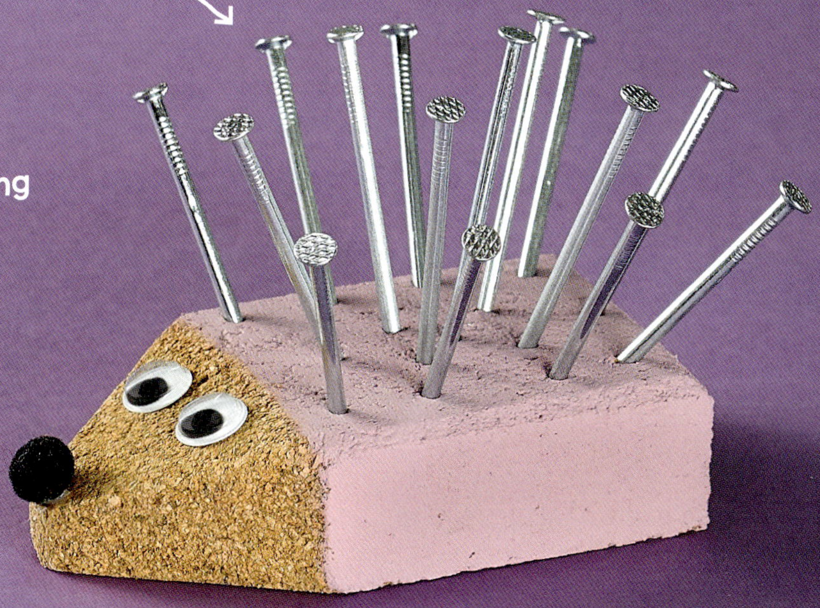

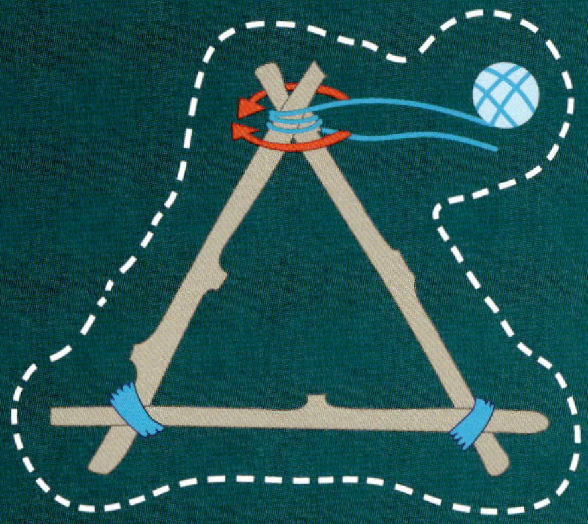

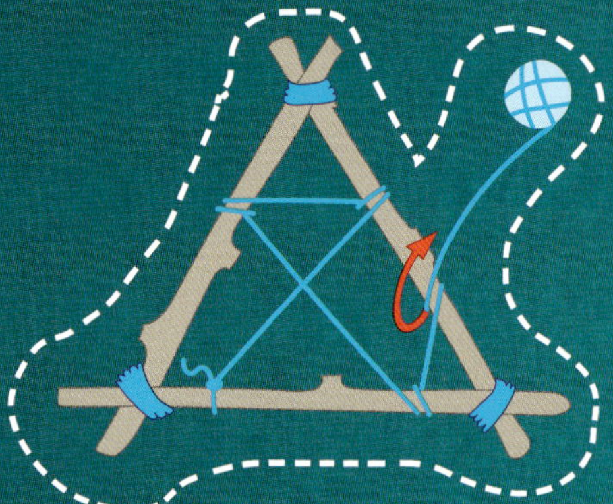

1 Lege ein Dreieck mit den Ästen, sodass sich die Enden an den Ecken überkreuzen. Umwickle die Enden mit etwas Garn und mach einen festen Knoten.

2 Knote einen langen Faden an einem Ast fest und spanne ihn zu einem anderen Ast. Wickle ihn um den Ast und spanne den Faden dann weiter. Spanne auf diese Weise so viele Fäden, bis der Faden zu Ende ist. Das Ende festknoten.



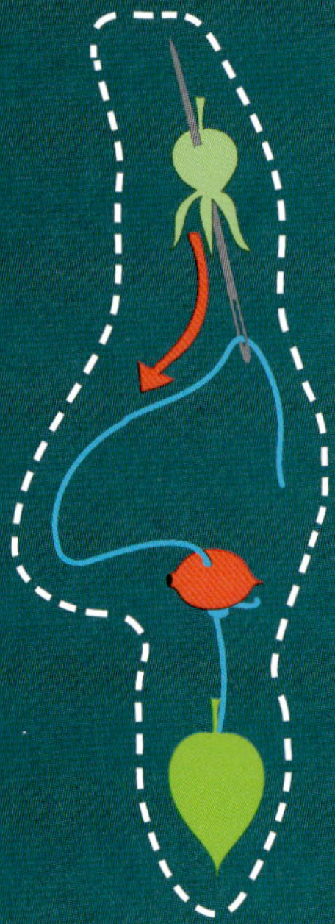

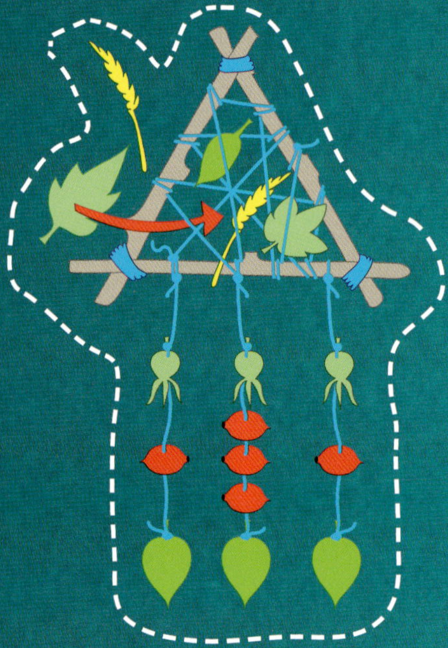

3 Nimm drei etwa 30 cm lange Fäden und schmücke sie mit Blättern, Hagebutten oder anderen Fundstücken. Du kannst sie festknoten oder mit der Nadel auffädeln.

4 Knote die Fäden am unteren Ast fest und schmücke den Traumfänger mit Blättern, Gräsern oder kleinen Zweigen.

# Traum-fänger

## DU BRAUCHST

* 3 Äste, ø ca. 1 cm, 28 cm lang
* Strickgarn aus Baumwolle in Türkis
* Schere
* dicke Sticknadel
* Blätter, Gräser, Hagebutten, Holzäpfel, kleine Zweige etc.

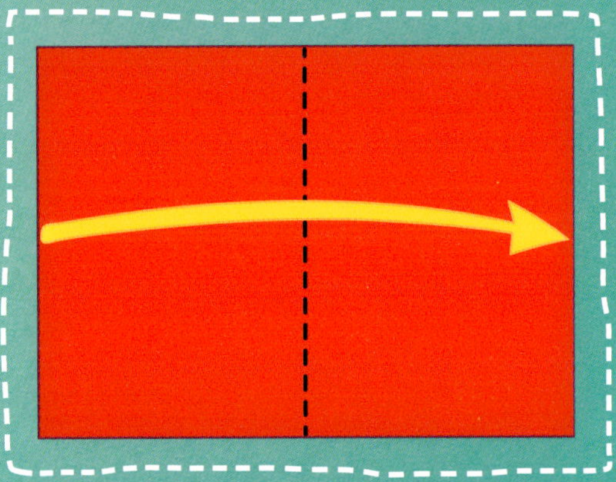

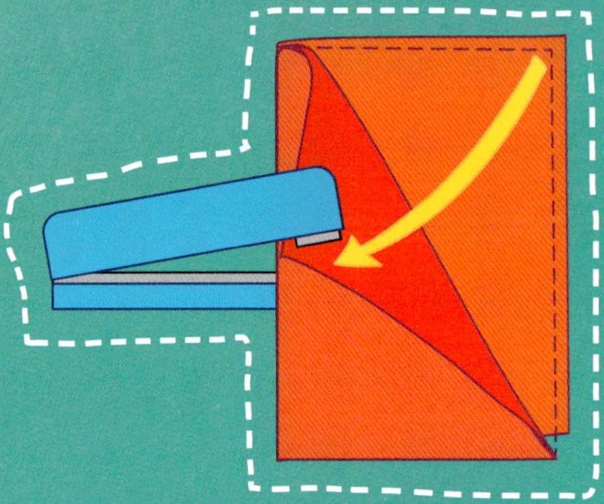

**1** Falte das Papier einmal in der Mitte, sodass die kurzen Seiten aufeinanderliegen.

**2** Schlage die obere rechte Ecke schräg nach links zur Faltkante und befestige sie mit einer Klammer des Bürohefters. Wende den Drachen und wiederhole das Ganze auf der anderen Seite.

**3** Schneide mithilfe der Vorlage die Schwanzfedern zu. Für den Schnabel ein Dreieck aus gelbem Tonpapier ausschneiden. Klebe die Federn, den Schnabel und die Wackelaugen auf.

**4** Stanze hinter den Metallklammern ein Loch in den Drachen und knote den Wollfaden fest. Das andere Schnurende um eine Wäscheklammer wickeln. Jetzt kannst du losrennen und deinen Vogel am Faden fliegen lassen.

# Vogeldrachen

## DU BRAUCHST:

* Kopierpapier in Rot, A4
* Bürohefter
* Tonpapierreste in Gelb, Lila und Blau
* Bleistift
* Schere
* 2 Wackelaugen, ø 7 mm
* Alleskleber
* Bürolocher
* Wollfaden, ca. 1 m lang
* Wäscheklammer

Vorlagen: Federn und Schnabel auf Seite 129

1 Die Bananen schälen und die Enden etwa 8 cm lang abschneiden. Dann die Stücke etwa 5 cm weit auf die Schaschlikstäbchen stecken und für etwa 15 Minuten ins Gefrierfach legen.

2 Die Bananen in die weiße Kuvertüre tauchen und zusätzlich Kuvertüre mit dem Löffel auf die Bananen geben, sodass sie rundum bedeckt sind.

3 Die Bananen etwas abtropfen lassen und dann mit dem Schaschlikstäbchen in das Trinkglas stellen, bis die Kuvertüre fest geworden ist.

4 Den Zahnstocher in die dunkle Kuvertüre tauchen und die Gesichter auf die Schoko-Bananen-Gespenster malen. Die dunkle Kuvertüre ebenfalls fest werden lassen. Guten Appetit!



# Schoko-Bananen-Geister

## DU BRAUCHST

* 3 feste, kleine Bananen
* Messer
* 6 Schaschlikstäbchen
* 200 g weiße Kuvertüre, geschmolzen (siehe Seite 127)
* Teelöffel
* Trinkglas
* Zahnstocher
* 15 g dunkle Kuvertüre, geschmolzen

# Kürbisgesichter

1 Zeichne mithilfe der Vorlage die Kürbisform auf den Tonkarton an und schneide sie aus.

2 Bestreiche den Rand des Kürbisses Stück für Stück dick mit Klebstoff und klebe die Linsen auf. Für den Mund klebst du ebenfalls Linsen auf. Nun klebst du die Wackelaugen auf.

3 Jetzt bestreichst du Stück für Stück den Rest des Kürbisses dick mit Klebstoff und klebst die Schälerbsen auf. Gut trocknen lassen.

4 Zum Schluss nimmst du den grünen Tonkartonstreifen, kringelst ihn etwas, indem du ihn über den Rücken der Schere ziehst, und klebst ihn auf der Rückseite des Kürbisses auf.



## DU BRAUCHST

* Tonkarton in Orange, 13 cm x 13 cm
* Bleistift
* Schere
* Bastelkleber
* Linsen
* 2 Wackelaugen, ø 1-1,5 cm
* gelbe Schälerbsen
* Tonkarton in Grün, 1 cm x 15 cm

Vorlage: Kürbis auf Seite 134

# Geister-Girlande

1 Übertrage die Vorlage auf das Kopierpapier und schneide das Gespenst mit der Schere von außen nach innen aus.

2 Male mit dem schwarzen Filzstift zwei kleine Augen und einen großen Mund auf.

3 Für die Bäckchen etwas roten Buntstiftabrieb mit dem Finger auf die Mundwinkel reiben.

4 Stich mit der Schere oben am Kopf ein Loch in das Papier und knote ein Stück Wolle fest, damit du dein Gespenst aufhängen kannst.

## DU BRAUCHST:

* Kopierpapier in Weiß, A4
* Bleistift
* Schere
* Filzstift in Schwarz
* Buntstift in Rot
* Wolle in Weiß

Vorlage: Gespenst auf Seite 133

TIPP
Wenn der Leim trocken wird, kannst du einfach neuen Leim auf die freien Flächen aufpinseln. Er trocknet durchsichtig aus und ist dann nicht mehr zu sehen.

## DU BRAUCHST

* Keilrahmen, 20 cm × 20 cm
* Bleistift
* breiter Pinsel
* Holzleim
* dicke, flauschige Wolle in Rot
* Wollreste in Grün und Braun
* Schere

Vorlage: Apfel Seite 129

1 Den Apfel mit Bleistift auf den Keilrahmen zeichnen. Dabei hilft dir die Vorlage.

2 Den Holzleim satt mit dem Pinsel auf dem Apfel verteilen.

3 Die Wolle in Stücke schneiden und nach und nach den Apfel, den Stiel, das Blatt und den Blütenansatz unten damit auslegen.

4 Die Wolle in den Leim drücken und das Bild gut trocknen lassen.

# Wollbild-Apfel

# Bienenlaterne

1 Schneide das obere Ende der PET-Flasche ab und klebe Transparentpapierschnipsel mit Kleister auf die Flasche, bis alles bedeckt ist. Gut trocknen lassen.

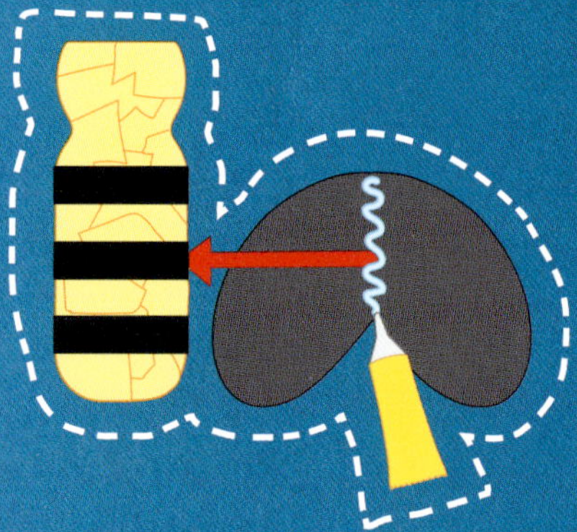

2 Schneide drei schwarze Streifen aus Tonpapier zu, die jeweils 2 cm breit und 30 cm lang sind. Klebe sie um die Flasche und die Flügel aus Tonkarton auf die Rückseite.

3 Rolle den Pfeifenputzer an beiden Enden etwas ein, knicke ihn in der Mitte und klebe die Fühler in die Flasche. Danach klebst du die Wackelaugen auf.

4 Stich an der Öffnung zwei sich gegenüberliegende Löcher in die Flasche und hänge den Laternenbügel ein. Dann kann die süße Biene am Laternenstab leuchten.

## DU BRAUCHST:

* leere PET-Flasche, 1 l
* Schere
* Transparentpapier in Gelb, ca. 40 cm x 40 cm
* Tapetenkleister
* Pinsel
* Tonpapier in Schwarz, A3
* Bleistift
* Alleskleber
* Tonkarton in Schwarz, A4
* Pfeifenputzer in Gelb, 50 cm lang
* 2 Wackelaugen, ø 1,5 cm
* Stechahle
* Laternenbügel und Laternenstab mit LED-Licht

Vorlage: Flügel auf Seite 131

**HINWEIS**
Lass dir beim Zuschneiden der Flasche und beim Stechen der Löcher von einem Erwachsenen helfen!

im
Winter

## DU BRAUCHST:

* Tontopf, ø 9 cm
* Bastelfarbe in Petrol und Hellblau
* Pinsel
* Klarlack für den Außenbereich, schadstoffarm
* stabiler Ast, 4 cm lang
* Kordel, 40 cm und 20 cm lang
* Holzperle in Mintgrün, ca. ø 1,5 cm
* Meisenknödel



# Vogelfutterplatz

1 Male den Tontopf petrolfarben an und lass die Farbe gut trocknen. Male danach ein Muster, zum Beispiel Schneeflocken, Sterne oder Punkte, auf.

2 Bemale den Tontopf nach dem Trocknen mit dem Klarlack und lass alles noch einmal gut trocknen.

3 Knote die längere Kordel für die Aufhängung mittig um den Ast. Lege ihn in den Topf, fädle die Kordelenden durch das Loch nach außen und durch die Holzperle. Dann die Enden miteinander verknoten.

4 Binde den Meisenknödel mithilfe der kurzen Kordel am Ast fest, sodass er unten aus dem Topf herausschaut.

# Vogelhäuschen

## DU BRAUCHST:

* 6 Holzspatel, 1,8 cm x 15 cm
* Express-Holzleim
* Tonpapierreste in Weiß, Gelb und Rot-, Blau- und Lilatönen
* Bleistift
* Schere
* Alleskleber
* Filzstift in Schwarz

Vorlagen: Kreis, Halbkreis, Schnabel und Schneeteile auf Seite 134 und 135

1 Klebe vier Holzspatel mit Express-Holzleim zu einem Quadrat zusammen. Dann klebst du die zwei restlichen Spatel als Dach auf. Alles gut trocknen lassen.

2 Schneide die Schneehaufen aus weißem Tonpapier aus und klebe sie mit Alleskleber auf das Häuschen.

3 Jetzt mithilfe der Vorlagen drei Kreise für die Vogelkörper, drei Halbkreise für die Flügel und drei Dreiecke für die Schnäbel aus dem Tonpapier ausschneiden. Die Kreise einmal zur Hälfte falten.

4 Klebe die Schnäbel in und die Flügel auf den gefalteten Vogelkörper. Male noch das Auge auf und klebe die fertigen Vögelchen auf das Haus.

# Klorollen-Schneeflocken



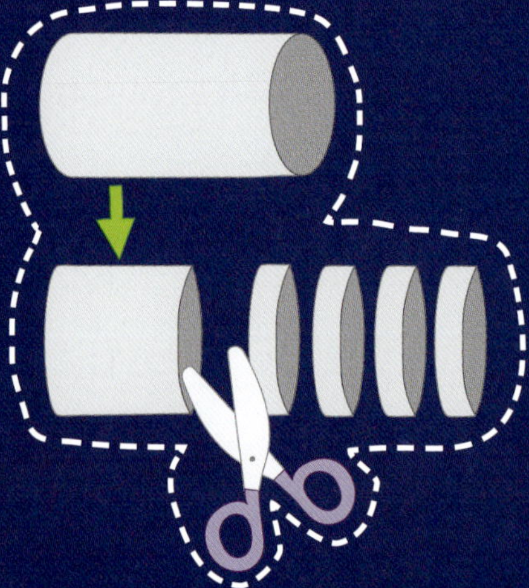

1 Drücke die Klorolle mit deiner Hand flach und schneide vier etwa 1,5 cm breite Ringe ab.

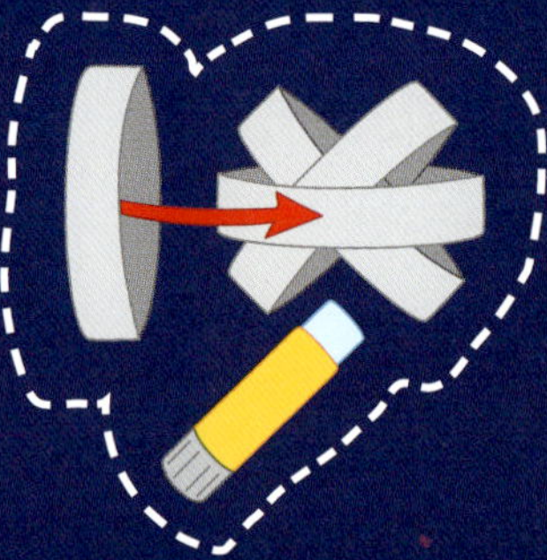

2 Trage mit dem Klebestift mittig auf beiden Seiten des ersten Rings etwas Kleber auf. Stecke den zweiten Ring über Kreuz auf und drücke ihn an. Mit dem dritten und dem vierten Ring verfährst du genauso.

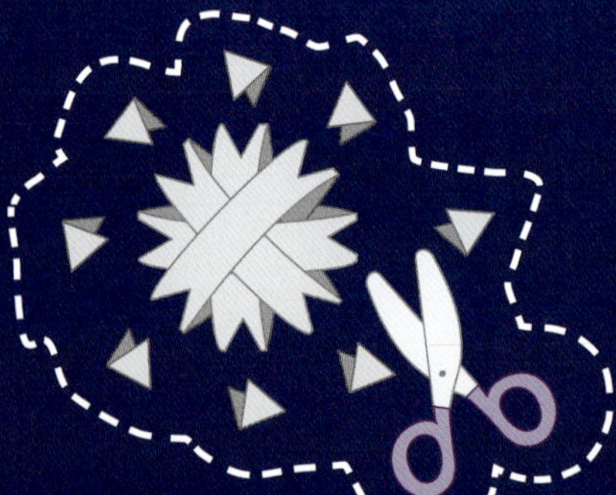

3 Schneide kleine Dreiecke aus den acht Spitzen deiner Schneeflocke.

4 Zum Schluss malst du deine Schneeflocke rundum an und klebst nach dem Trocknen Glitzersteine auf.

## DU BRAUCHST:

* Klorolle
* Schere
* Klebestift
* Bastelfarbe in Weiß und Hellblau
* Pinsel
* Glitzersteine in Silber und Blautönen
* Alleskleber

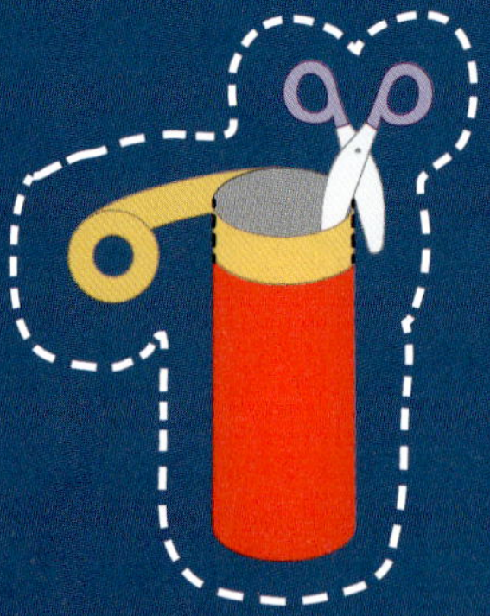

**1** Klebe das Tonpapier mit dem Klebestift um die Klorolle und schneide das überstehende Papier an den Rändern mit der Schere ab.

**2** Klebe das glitzernde Masking Tape um den oberen Kerzenrand. Dann schneidest du den Klorollenrand an zwei sich gegenüberliegenden Stellen etwa 1,5 cm tief ein.

3 Schneide mithilfe der Vorlagen den Kerzenschein und die Flamme aus dem Tonpapier und der Goldfolie aus.

4 Klebe die Kreise und die Flamme aufeinander und stecke sie oben in die Schlitze der Klorolle.

# Kerzen-Trio

## DU BRAUCHST:

* Klorolle
* Tonpapier in Pink, Rot und Blau, 12 cm x 15 cm
* Klebestift
* Schere
* Masking Tape in Gold glitzernd
* Tonpapierreste in Gelb und Orange
* Alubastelfolie in Gold
* Bleistift

Vorlagen: Kreise und Flamme auf Seite 134

# Pappteller-Hirsch

1 Male die Oberseite des Papptellers braun an. Wenn die Farbe trocken ist, faltest du den Teller rechts und links schräg zur Mitte, sodass eine Spitze entsteht, und klebst ihn fest.

2 Verdrehe je vier Pfeifenputzer – von jeder Länge ein Stück – miteinander und fächere dabei nach und nach die Enden auf, damit ein Geweih entsteht.

3 Klebe beide Geweihe von hinten an den Teller. Dann die Wackelaugen und die Pomponnase aufkleben.

4 Als Letztes schneidest du mithilfe der Vorlage zwei weiße Ohren aus Tonpapier aus und klebst sie oben rechts und links an den Teller.

## DU BRAUCHST:

* Pappteller in Weiß, ø 23 cm
* Bastelfarbe in Braun
* Pinsel
* Alleskleber
* Pfeifenputzer in Braun, 2x 20 cm, 2x 15 cm, 2x 10 cm und 2x 5 cm lang
* 2 ovale Wackelaugen, 2 cm hoch
* Pompon in Schwarz, ø 2 cm
* Tonpapierrest in Naturweiß
* Bleistift
* Schere

Vorlage: Ohr auf Seite 130

# Wellpappe-Baumschmuck

## DU BRAUCHST:

* Wellpappe in Weiß und Silber, 50 cm x 70 cm
* Bleistift
* Schere
* Stickgarn in Silber, 30 cm lang
* Alleskleber

Vorlagen: Zuschnitte auf Seite 134/135

1 Lege die Vorlage mit dem breiten Ende an einer Welle der Pappe an und zeichne den Umriss mit Bleistift auf. Dann schneidest du die Form aus.

2 Lege das Stickgarn doppelt und verknote die Enden miteinander.

3 Klebe das Stickgarn als Aufhänger am breiten Ende des Streifens auf und lass die Schlaufe über die Pappe herausragen.

4 Rolle den Wellpappestreifen vom breiten Ende her auf und klebe die letzte Runde mit Alleskleber fest.

## DU BRAUCHST:

* Origamipapier in verschiedenen Farben, 2x 15 cm x 15 cm
* Schere
* Klebestift

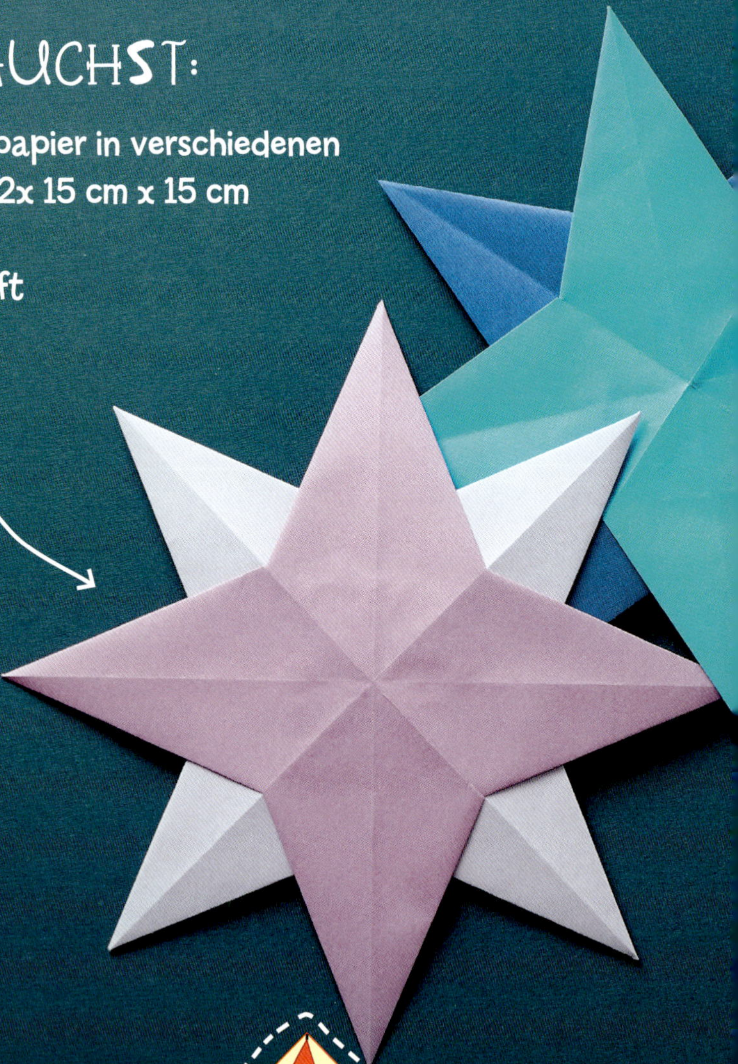



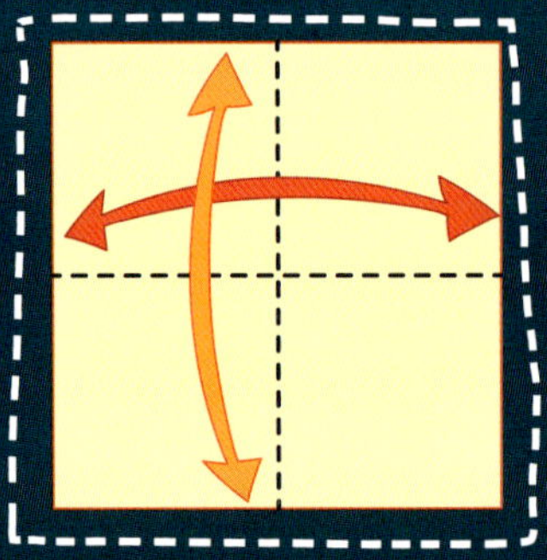

**1** Lege das Papier vor dich auf den Tisch. Falte die untere auf die obere Kante und öffne das Papier wieder. Dann faltest du die rechte auf die linke Kante und öffnest das Papier erneut.

**2** Jetzt das Papier um 90 Grad drehen, die untere Spitze auf die obere falten und wieder öffnen. Mit den anderen beiden Spitzen verfährst du genauso.

# Doppelsternchen

3 Schneide das Papier an den geraden Kanten entlang der Faltlinie etwa 3,5 cm weit ein. Danach faltest du die Ecken bis zur jeweiligen diagonalen Faltlinie ein.

4 Falte wie beschrieben einen zweiten Stern und klebe beide Sterne versetzt aufeinander.

# Perlensterne

## DU BRAUCHST:

* Pfeifenputzer in Weiß und Gold, 50 cm lang
* Schere
* Holzperlen in Rot, 6x ø 1 cm und 6x ø 1,2 cm
* 12 Holzperlen in Gold, ø 1,2 cm
* Holzperlen in Weiß, 12x ø 1 cm und 12x ø 1,4 cm

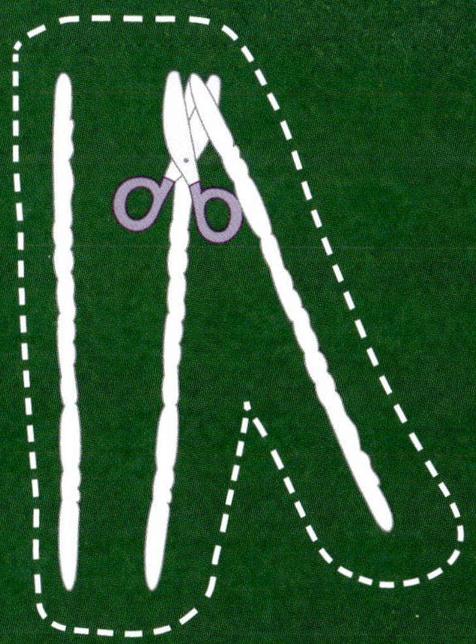

1 Schneide den Pfeifenputzer mit der Schere in drei gleich lange Stücke.

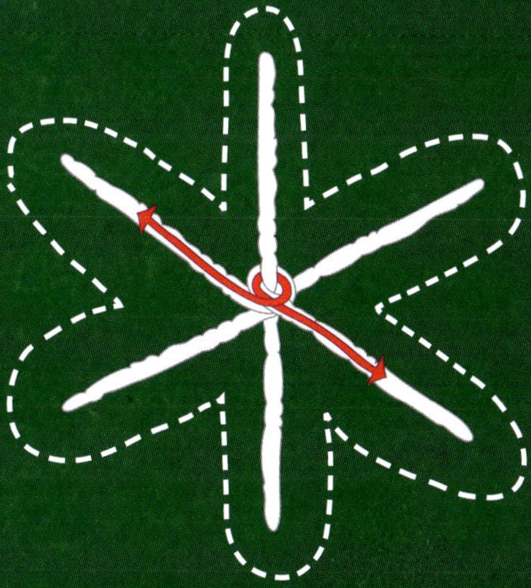

2 Verdrehe die Pfeifenputzer in der Mitte miteinander und biege die Enden sternförmig auseinander.

3 Jetzt steckst du die Perlen auf die Sternenarme, sodass ein schönes, gleichmäßiges Muster entsteht.

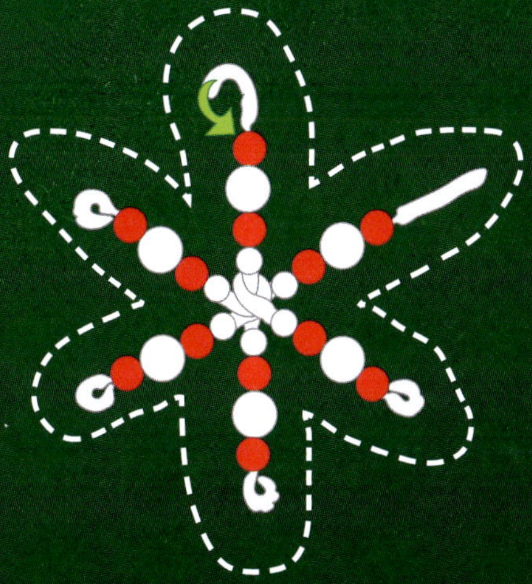

4 Biege die Sternspitzen um und fädle die Enden in die Perlen zurück.

## DU BRAUCHST:

* Tonpapier in Gelb, Silber und Gold, 24 cm x 34 cm
* Bleistift
* Schere
* Klebefilm
* Klebestift

Vorlage: Grundform Stern auf Seite 135

# Pluster-Sterne

1 Übertrage die Vorlage der Grundform pro Stern zwei Mal auf das Tonpapier und schneide sie aus.

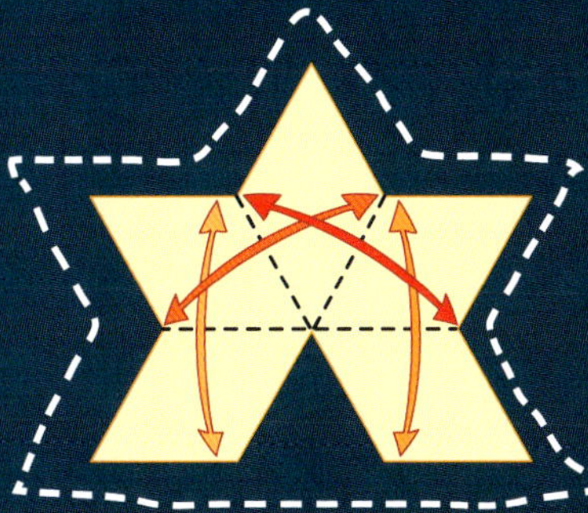

2 Falte nun immer zwei nebeneinanderliegende Sternzacken aufeinander und öffne sie wieder.

3 Drehe den Stern um, falte alle Zacken zur Mitte und öffne sie wieder. Die zweite Sternhälfte genauso falten.

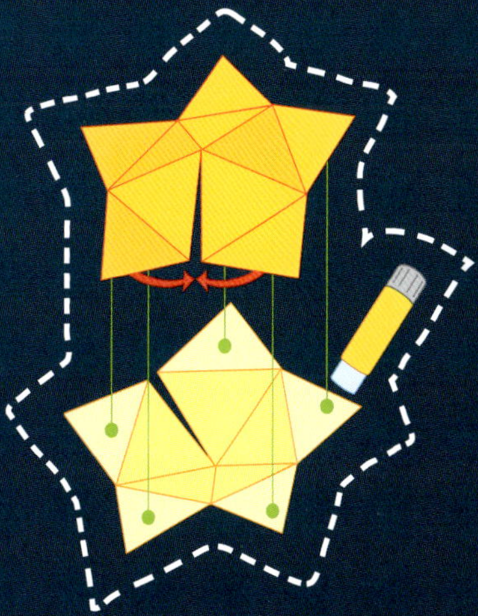

4 Schließe die Lücke an beiden Sternhälften, indem du die Kanten auf der Innenseite mit einem kleinen Stück Klebefilm zusammenklebst. Dann klebst du die Sternhälften an den Zacken aufeinander.

# Plätzchenteller

## DU BRAUCHST:

* Suppenteller
* Frischhaltefolie
* Tapetenkleister
* Pinsel
* Seidenpapier in Gold
* Transparentpapier in Dunkel- und Mittelblau, Hell- und Dunkelgrün
* Sternstanzer
* 4 Papierservietten in Weiß
* Schere

1 Packe als Erstes den Suppenteller in Frischhaltefolie ein. Bestreiche ihn anschließend auf der Außenseite mit Kleister und belege ihn mit ausgestanzten Sternen aus Seiden- und Transparentpapier.

2 Falte eine Serviette auf, lege sie auf den Teller und drücke sie mit den Händen etwas an. Dann pinselst du wieder etwas Kleister auf. Dabei die Falten in der Serviette glatt streichen.

3 Klebe auf dieselbe Weise die restlichen Servietten auf. Dann noch einmal alles einkleistern, die oberste Schicht mit den Fingern schön glatt streichen und über Nacht trocknen lassen.

4 Schneide das überstehende Papier am Tellerrand ab, nimm die Schale vom Teller ab und entferne zum Schluss noch die Frischhaltefolie.

1 Lege eine Kopie der Vorlage mittig auf die Alubastelfolie und fahre die Linien mit einem spitzen Bleistift nach, sodass sie sich auf die Folie übertragen.

2 Jetzt legst du die Alubastelfolie auf die weiche Unterlage und stichst mit der Prickelnadel in kleinen regelmäßigen Abständen Löcher in die eingedrückten Linien.

3 Klebe das Papier an den schmalen Seiten aufeinander, sodass eine Röhre entsteht.

4 Stülpe die Röhre auf ein passendes Glas und stelle ein LED-Teelicht hinein.



# Prickel-Windlicht

## DU BRAUCHST:

* Alubastelfolie in Gold, 25 cm x 10 cm
* Bleistift
* weiche Unterlage
* Prickelnadel
* Alleskleber
* kleines Glas
* LED-Teelicht

Vorlage: Schneeflocke auf Seite 129

# Bilder-Rahmen

**TIPP**
Um den Glitter vollständig und unfallfrei wieder zurück in die Dose zu befördern, faltest du ein Blatt Papier einmal in der Mitte und öffnest es wieder. Schütte den Glitter dann vom Teller auf das Blatt und lass ihn in der Faltrinne zurück in die Dose rutschen.

1 Bestreiche die Holzspatel auf einer Seite mit Bastelkleber. Lege sie nacheinander auf den Teller und streue den Glitter darauf. Alles gut trocknen lassen.

2 Jetzt klebst du immer drei Holzspatel mit Alleskleber zu einem Dreieck zusammen. Klebe die beiden Dreiecke aufeinander.

3 Schneide das Foto von dir so zu, dass du es hinter das Sechseck in deinen Stern kleben kannst.



4 Fädle das Dekoband durch eine Sternenzacke hindurch und verknote die Enden, damit du deinen Stern aufhängen kannst.

## DU BRAUCHST:

* 6 Holzspatel, 1,8 cm breit, 15 cm lang
* Bastelkleber
* Teller
* Glitter in Gold
* Alleskleber
* Foto
* Schere
* Dekoband in Weiß, 25 cm lang

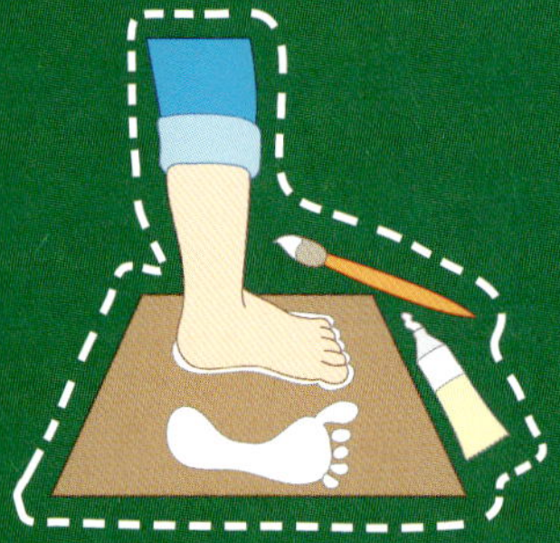

1 Male deine Fußsohle mit Bastelfarbe an und drücke deinen Fuß auf die Pappe. Hebe den Fuß vorsichtig wieder an und lass die Farbe gut trocknen.

2 Für den Schneemann schneidest du als Erstes den Hut aus schwarzem Tonkarton aus und klebst ihn auf den Abdruck. Schneide den Filz an beiden Enden fransig ein und in zwei Stücke und klebe sie als Schal auf. Zuletzt das Gesicht aufmalen und die Pompons als Knöpfe aufkleben.

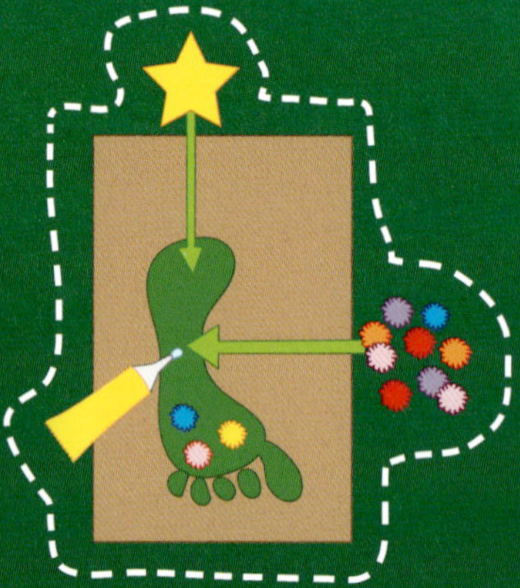

3 Verdrehe für das Rentier die Pfeifenputzer miteinander und forme sie zu einem Geweih. Dann die Schleife aus rotem Tonkarton ausschneiden und zusammen dem roten Pompon, den Wackelaugen, der Nase und dem Geweih auf den Fußabdruck kleben.

4 Für den Tannenbaum-Anhänger schneidest du den gelben Stern aus Tonkarton aus und klebst ihn oben auf den Fußabdruck. Danach beklebst du den restlichen Abdruck mit den bunten Pompons.

## Fertigstellung

Zeichne mit dem Lineal ein Rechteck um das fertige Motiv und schneide den Anhänger aus. Dann noch die oberen Ecken schräg anschneiden, den Anhänger lochen und das Band verknoten.

# Geschenkanhänger

## DU BRAUCHST:

* Dicke Pappe in Hellbraun, A4
* Bastelfarbe in Weiß, Grün und Braun
* Pinsel
* Tonkarton in Rot, Schwarz und Gelb
* Bleistift
* Schere
* Alleskleber
* Bastelfilz in Rot, 1,5 cm x 8 cm
* Filzstift in Schwarz und Orange
* 3 Pompons in Schwarz, ø 1 cm
* Pfeifenputzer in Braun, 13 cm und 10 cm lang
* Pompons in Rot, ø 2 cm und ø 1 cm
* 2 Wackelaugen, ø 2 cm
* Pompons in Bunt, ø 1 cm
* Lineal
* Bürolocher
* Dekoband in Rot

Vorlagen: Hut und Stern auf Seite 135

# Weihnachtsengel

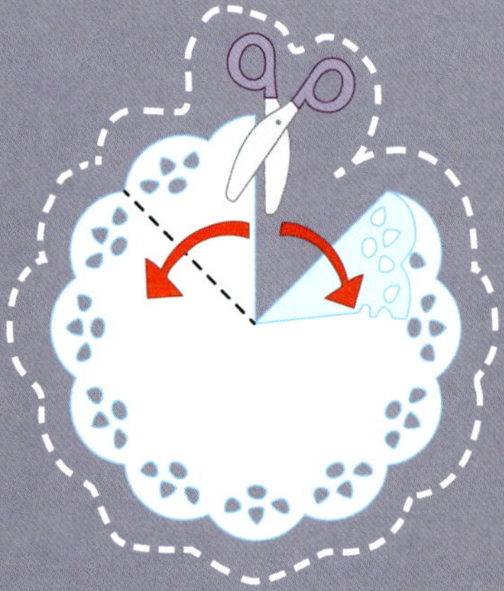

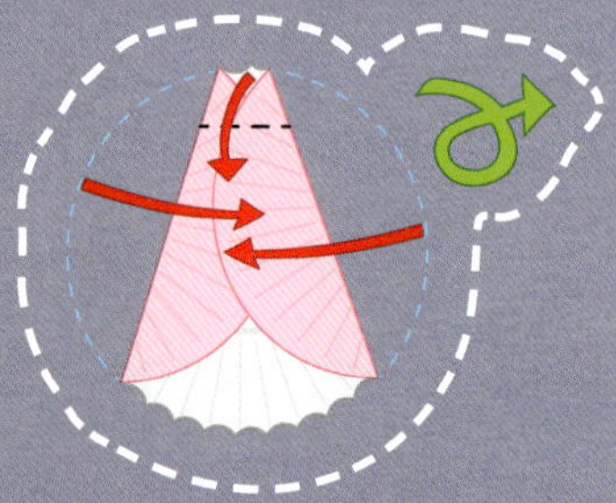



1 Schneide die Tortenspitze vom Rand bis zur Mitte ein und falte das Papier am Einschnitt nach rechts und links um. Das sind die Flügel.

2 Drücke das Muffinförmchen flach. Falte es rechts und links schräg nach innen und die Spitze fingerbreit nach unten. Das ist das Kleid.

## DU BRAUCHST:

* Mini-Tortenspitze, ø 10 cm
* Schere
* Mini-Muffinförmchen in Rot und Weiß mit Pünktchen, 3,5 cm x 2 cm
* Holzspatel, 1,8 cm breit, 15 cm lang
* Alleskleber
* Pfeifenputzer in Gold, 10 cm lang
* Bastelfarbe in Braun
* Pinsel
* Filzstift in Schwarz

3 Klebe das Kleid auf den Holzspatel und diesen auf die Flügel. Dann biegst du den Pfeifenputzer zu einem Kreis, verdrehst die Enden und klebst den Heiligenschein von hinten an den Holzspatel.

4 Zum Schluss malst du die Haare und das Gesicht auf.

1 Nimm vier Holzspatel, schneide einen in der Mitte in zwei Hälften und klebe die Holzstücke zu einem Haus zusammen.

2 Schneide von einem Holzspatel beide Enden ca. 3,5 cm lang ab und klebe sie als Krippe von hinten in das Haus.

3 Halbiere einen weiteren Spatel und male die Stücke als Josef und Maria an. Klebe sie rechts und links von hinten in das Haus. Für das Jesuskind ein 3,5 cm langes Endstück des letzten Spatels abschneiden, anmalen und hinter die Krippe kleben.

4 Jetzt schneidest du den Stern mithilfe der Vorlage aus Tonpapier aus, fädelst einen Faden hindurch und klebst ihn an das Dach.

# Weihnachts-krippe

## DU BRAUCHST:

* 7 Holzspatel, 1,8 cm breit, 15 cm lang
* Schere
* Express-Holzleim
* Bastelfarbe in Rot, Blau, Grün, Violett und Braun
* Pinsel
* Filzstift in Schwarz
* Tonpapierrest in Gelb
* Bleistift
* Nähgarn in Gelb
* Sticknadel

Vorlage: Stern auf Seite 135

1 Schneide mit der Schere ein großes Loch in den Boden des Pappbechers.

2 Mache einen Knoten in den Luftballon und schneide oben das Käppchen gerade ab.



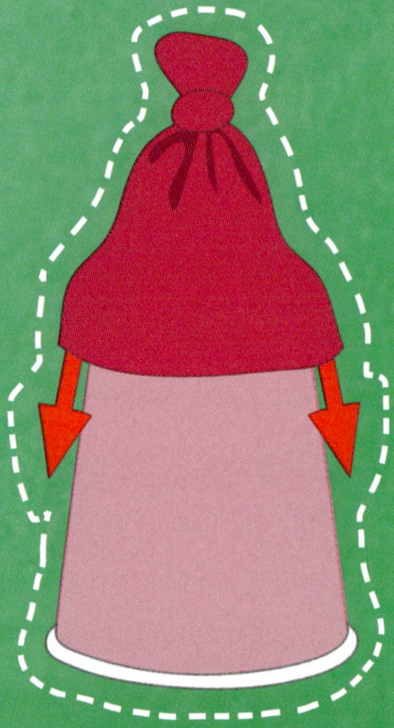

3 Ziehe den aufgeschnittenen Luftballon mit den Fingern auseinander und stülpe ihn über die Unterseite des Bechers.

4 Umklebe den Rand des Ballons mit einem Streifen Masking Tape, damit die Konfetti-Kanone schöner aussieht.

# Konfetti-Kanone

## DU BRAUCHST:

* Pappbecher in Rosa gepunktet
* Schere
* Luftballon in Pink
* Masking Tape in Gold glitzernd
* Konfetti

### Und so geht's:

Fülle etwas Konfetti in den Becher, ziehe unten am Knoten, lass den Ballon zurückschnappen und staune, wie die Konfetti fliegen.

# Basteln mit Kindern



Basteln tut gut. Es fördert die Kreativität, die Fingerfertigkeit, die Ausdauer und die Konzentrationsfähigkeit, die Hand-Augen-Koordination und das räumliche Vorstellungsvermögen. Und das alles ganz nebenbei, während gemalt, geschnitten, geklebt oder modelliert wird. Bei all diesen Tätigkeiten erforschen Kinder ihre Fähigkeiten und lernen dazu. Das Schönste ist aber, wenn ein Kind sein Werk präsentiert und stolz sagt: „Das hab ich gemacht!" In diesem Moment wird sichtbar, dass Basteln nicht nur vielfältig fördert, sondern vor allem auch glücklich macht.

Basteln macht Spaß. Darauf kommt es mir ganz besonders an. Wenn ich zusammen mit meinen Kindern bastle, halte ich mir diesen Satz immer wieder vor Augen. Denn allzu schnell verfalle ich in meinen erwachsenen Perfektionsdrang und meine, dass alles so gemacht werden muss, wie ich es mir vorstelle. Denkste. Kinder haben ihre eigenen Ideen. Und sie entwickeln mit ihrem natürlichen Forschergeist durch Versuch und Irrtum eigene Lösungswege. Und das ist auch gut so. Nur für mich ist das oft ein Problem. Manchmal fehlt mir einfach die Geduld, mit meinen Kindern auf Forschungsexpedition zu gehen, während ich

## Basteln mit Kindern – ein paar Leitgedanken

* Basteln macht Spaß
* den Forscherdrang der Kinder unterstützen
* die eigene Erwartungshaltung hinterfragen
* Raum für Kreativität und eigene Ideen geben
* geeignete Bastelarbeiten auswählen
* nicht überfordern
* zum Selbermachen ermutigen
* Anregungen und Hilfestellungen geben
* Misserfolge locker nehmen: Der Weg ist das Ziel!

doch längst weiß, wie es richtig gemacht wird, wie wir ohne Umwege das Ziel erreichen. Aber beim Basteln mit Kindern geht es nicht um mich. Das Ergebnis muss nicht in meinen Augen spektakulär sein, sondern in denen der Kinder.

Erwartungsdruck hemmt Kinder und schränkt ihren Entfaltungsspielraum ein. Jedes Kind hat unterschiedliche Fähigkeiten - abhängig von seinem Alter und seiner individuellen Veranlagung. Das ist nicht weiter schlimm, denn durch das spielerische Lernen beim Basteln werden die Fähigkeiten ja weiter gefördert und verfeinert. Allerdings berücksichtige ich dies bei der Wahl der Bastelarbeit. Ein Kind, das überfordert wird, verliert schnell den Spaß am Basteln. Darum versuche ich, das Ziel so zu setzen, dass es auch erreicht werden kann. Und ich passe meine Erwartungen an, je nachdem, ob ich gerade mit meinem fünfjährigen oder meinem zweijährigen Sohn bastle.

Ich ermutige meine Kinder, alles alleine zu machen, wozu sie schon in der Lage sind. Und natürlich unterstütze ich sie, wo noch Hilfe notwendig ist. Oft bastle ich auch mit, wobei ich ein Vorbild sein möchte und kein erwachsener Schlaumeier, der alles besser weiß und besser kann. Damit habe ich bereits meine Erfahrungen gemacht (siehe Kasten). Oft bin ich einfach nur da, um Anregungen zu geben - und um zu staunen, auf welche Ideen und Lösungen meine Kinder kommen. Oder eben auch nicht: Manchmal regiert der Frust am Basteltisch! Doch auch das ist nicht weiter schlimm. Misserfolge gehören dazu.

Wichtig ist nur, dass man sich davon nicht entmutigen lässt. Vielleicht hilft ja eine Auszeit? Basteln ist durchaus anstrengend. Wenn ein Kind keine Lust mehr hat, lege ich eine Bastelpause ein. Das machen wir beim Wandern ja auch. Und wie wäre es mit einer kleinen Stärkung zwischendurch? Wenn genug für heute gebastelt ist, machen wir einfach an einem anderen Tag weiter. Und wenn das Bastelwerk seinem Urheber ganz und gar nicht gefallen mag, versuche ich trotzdem etwas Gutes daran zu finden. Und dann lassen wir es ganz schnell verschwinden!



### Ich mag nicht mehr ...

Es war Weihnachtszeit und mein Großer und ich haben das erste Mal gemeinsam Plätzchen gebacken. Da war er knapp zweieinhalb und ich habe mich riesig auf diesen Moment gefreut. Doch plötzlich stand mein Sohn auf, sagte: „Ich mag nicht mehr“ und ging davon. Was war passiert? Ich hatte ihm die ganze Zeit Anweisungen diktiert und ihn belehrt: „Nicht zu dünn ausrollen!“, „Lass mich das machen!“, „Setz die Ausstechformen doch enger zusammen!“. Mir wurde klar, dass Kinder viele Dinge einfach anders machen als wir Erwachsenen, und dass es falsch ist, unsere eigenen Ansprüche auf sie zu übertragen. Kinderplätzchen sehen eben anders aus. Lecker sind sie trotzdem!

# Gute Vorbereitung ist alles

Beim Basteln kann schnell mal ein Malheur mit Farbe und Klebstoff passieren. Damit das gemeinsame Basteln entspannt abläuft, können ein paar Vorkehrungen getroffen werden:



Zum Schutz der Kleidung ist es empfehlenswert, eine Bastelschürze oder alte Kleidung anzuziehen. Den Tisch und den Boden am besten mit Wachstischtuch, Folie oder Zeitung abdecken, damit nichts beschmiert wird. Zudem sollten empfindliche Gegenstände aus dem Bastelbereich entfernt werden.

Damit die Kinder nicht mit feuchter Farbe oder Klebstoff an den Händen durch die Wohnung laufen, lege ich vor dem Basteln alle Hilfsmittel und Werkzeuge, die wir für unser Bastelprojekt brauchen, bereit. So muss keiner zwischendurch aufstehen und die Bastelschere aus der Schublade holen. Und wenn doch, dann gibt es am Basteltisch immer ein feuchtes Tuch, mit dem die Hände abgewischt werden können.

Hilfreich ist auch ein griffbereites altes Tuch, mit dem Überschwemmungen auf dem Basteltisch blitzschnell trockengelegt werden können. Und an ganz wilden Basteltagen gibt es sogar eine Fußkontrolle: Jeder, der den geschützten Bastelbereich verlassen will, muss dann erst seine Fußsohlen vorzeigen. Nicht selten verstecken sich dort nämlich wahre Farbmonster, die nur darauf warten, ihre Spuren in der ganzen Wohnung hinterlassen zu können.

Doch irgendwann ist auch die schönste Bastelzeit zu Ende. Dann heißt es im Gänsemarsch ab ins Bad und raus aus den schmutzigen Kleidern. Die Klamotten kommen in die Wäsche, die Kinder - je nach Bedarf - ans Waschbecken oder in die Wanne. Ich lege am Waschbecken immer dunkle Handtücher bereit, die weniger empfindlich sind, und ein Handtuch kommt auf den Boden, um die hellen Fliesenfugen vor herabtropfendem Farbwasser zu schützen. So hat unsere Bastelzeit garantiert ein Happy End.

## Experten-Tipps

**Klebstoffflecken entfernen**
Klebstoff auf der Kleidung bleibt beim Basteln mit Kindern nicht aus. Wenn es darum geht, die Flecken wieder rauszubekommen, haben lösungsmittelfreie Klebstoffe die Nase vorn. Sie lassen sich einfach auswaschen. Bei herkömmlichen Alleskleber hilft hingegen nur der Griff zum Spezial-Fleckentferner. Noch frische Flecken lassen sich je nach Klebstoff außerdem mit Alkohol (Spiritus) entfernen. Trockenem Klebstoff kann man auch mit Aceton, Nitroverdünner oder Ethylacetat auf den Leib rücken. Davor unbedingt immer eine Farbprobe an einer verdeckten Stelle machen!

**Farbflecken entfernen**
Ich achte darauf, dass ich nur Filzstifte und flüssige Farben verwende, die wasserlöslich sind. Diese Farben lassen sich aus der Kleidung auswaschen und gehen auch von der Haut wieder rückstandslos ab. Trotzdem: Die Flecken immer kurz von Hand auswaschen, solange die Farbe noch feucht ist. Bei starker Verschmutzung die Kleidung außerdem vor dem Waschen z. B. mit Gallseife vorbehandeln. Bei wasserfesten Farben, z. B. Gelstiften, achte ich darauf, dass die Kinder sie nicht unbeaufsichtigt in die Hände bekommen.

**Nützliche Helfer**
Wäscheklammern leisten beim Zusammenkleben von Papier und Pappe gute Dienste. Mit ihnen lässt sich die Klebestelle fixieren, bis der Klebstoff getrocknet ist, und die Hände sind währenddessen frei für neue Taten.

**Löcher stopfen**
Ein kurzes Schnipp-Schnapp und schon ist das Loch im Pulli drin. Die ganz kleinen Bastler müssen den richtigen Umgang mit der Schere meist noch lernen. Und bis dahin wird fleißig experimentiert – mit allen Nebenwirkungen. Doch keine Panik! Nicht jedes Loch ruiniert gleich das ganze Kleidungsstück. Oft lassen sich die Löcher unter einer dekorativen Stoff-Applikation wie z. B. einem Herz, einem Stern oder einem Schmetterling verstecken.

## Grundausstattung

Für das Basteln mit Kindern braucht es nicht viel: Schere, Klebstoff, Bleistift und Radiergummi, fertig ist die Grundausstattung. Die Schere sollte kindgerecht sein und abgerundete Spitzen haben. Beim Kleben ist bei Kindern meist Klotzen statt Kleckern angesagt. Daher empfehle ich herkömmlichen Alleskleber in der Flasche oder in der tropffreien Plastiktube. Herkömmlicher Alleskleber wellt das Papier nicht und wird schnell fest. Das garantiert auch bei dick aufgetragenem Klebstoff schöne Ergebnisse und keine Unterbrechungen durch lange Wartezeiten. Er hat jedoch den Nachteil, dass er nicht auswaschbar ist und Lösungsmittel enthält. Wem diese Punkte wichtig sind, der sollte entsprechende Klebstoffe ohne Lösungsmittel verwenden.

# Bastelbasics

## Vorlagen übertragen

Es gibt viele Möglichkeiten, Vorlagenzeichnungen auf Papier oder andere Materialien zu übertragen. Für kleine Kinder finde ich die Schablonenmethode jedoch am besten. Und so geht's:



1 Eine Fotokopie der Vorlagenzeichnung machen, grob ausschneiden und auf dünne Pappe aufkleben.

2 Schneide die Vorlagenzeichnung sauber und exakt aus. Fertig ist die Schablone.

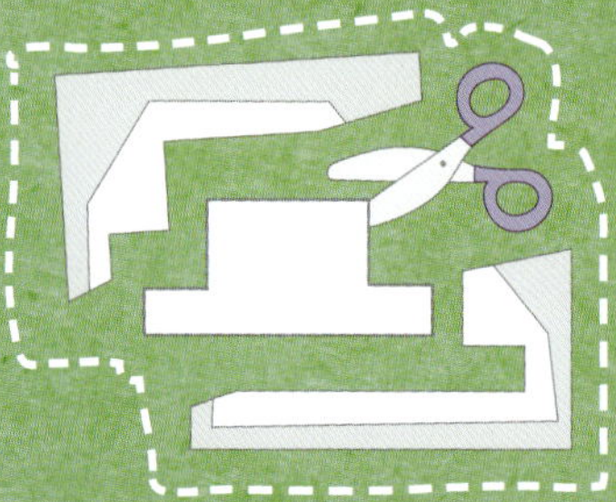

3 Lege die Schablone auf das gewünschte Material, halte sie mit einer Hand fest und umfahre sie mit der anderen Hand mit dem Bleistift.

4 Nimm die Schablone ab, schneide das Motiv aus und male es an oder verarbeite es wie in der Anleitung beschrieben weiter.

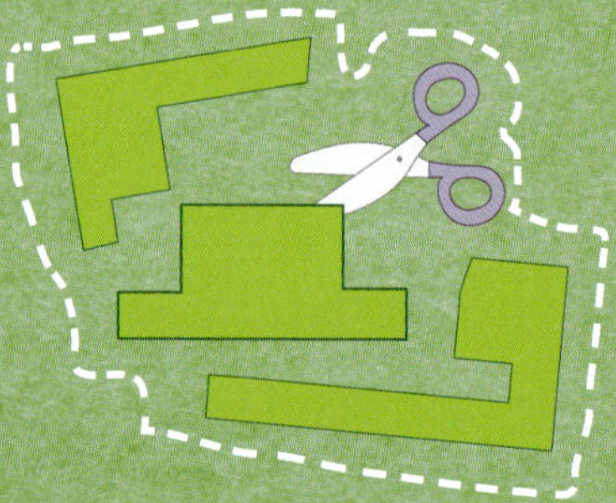

## Basteln mit Papier, Pappe und Co.

Das Papieruniversum ist unermesslich. Es gibt Papier in allen Farben, mit allen möglichen Mustern und in unterschiedlichen Stärken (Grammatur). Festes Schreibpapier mit einer Grammatur von 100 g/qm, Tonpapier mit einer Grammatur von 130 g/qm und Tonkarton mit einer Grammatur von 220 g/qm sind am besten geeignet für das Basteln mit Kindern. Diese Papiere lassen sich gut reißen, schneiden, falten und stanzen und sind vielseitig verwendbar.

Mit Seidenpapier lassen sich besonders schöne Werke in der Knülltechnik schaffen. Es ist sehr weich und lässt sich ohne Anstrengung in den Händen zu kleinen Kügelchen formen.

Für Faltarbeiten ist Origamipapier empfehlenswert. Es hat den großen Vorteil, dass es in vielen schönen Farben und bereits quadratisch zugeschnitten angeboten wird.

TIPP: Auch Klorollen, Pappteller, Pappbecher, Muffinförmchen und Tortenspitze sind ein wunderbares Ausgangsmaterial, aus denen einzigartige Bastelwerke entstehen können. Es lohnt sich, hier immer einen kleinen Vorrat zu Hause zu haben.

## Papier schneiden

Der Umgang mit der Schere will geübt sein. Das Schneiden haben die Kleinen meist schnell raus, aber bis zum perfekten Schnitt dauert es noch seine Zeit. Bis dahin darf man einfach keine Wunder erwarten. Meist gelingen kurze gerade Schnitte am Anfang leichter. Das kann bei der Modellwahl gut berücksichtigt werden. Rundungen, Kurven und Kreise sind für Kinder besonders knifflig. Für kleine Kreise empfehle ich daher Kreisstanzer. Das Stanzen macht den kleinen Bastlern nicht nur großen Spaß, sie erhalten auch perfekte Ergebnisse. Bei großen Kreisen kommt man dagegen nicht um das Schneiden mit der Schere herum. Nicht wundern, wenn der Kreis anfangs noch wie ein Vieleck aussieht!

TIPP: Zum Anzeichnen der Kreislinie verwendet man am besten runde Gegenstände wie Pappdosen, Gläser, Tassen oder Schüsseln. Pappteller, Tortenunterlagen aus Pappe, runde Faltpapiere oder Bierdeckel sind oftmals auch eine gute Idee, wenn man mit runden Formen basteln möchte.

# Papier falten

## Hexentreppe falten

Dazu werden zwei gleich breite Papierstreifen benötigt, hier ein blauer und ein grüner.

1 Klebe den grünen Streifen an einem Ende im rechten Winkel auf den blauen.

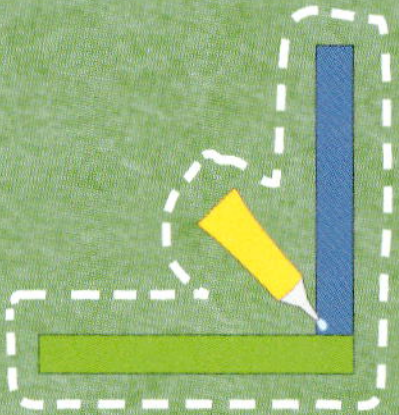

2 Falte den unteren, blauen Streifen über den grünen. Jetzt liegt der grüne Streifen unten.

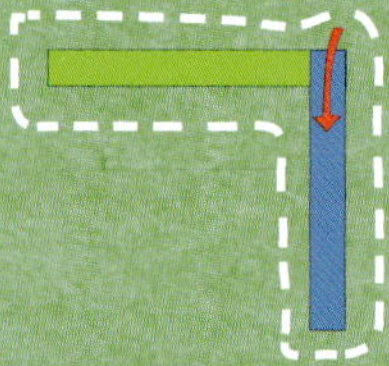

3 Falte den grünen Streifen über den blauen.

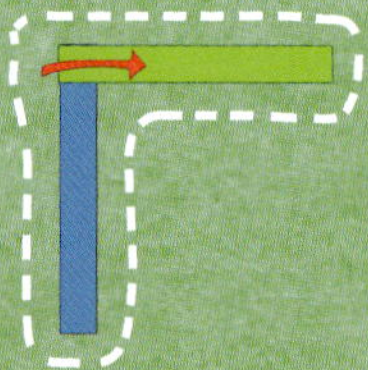

4 Nimm wieder den blauen Streifen und falte ihn über den grünen.

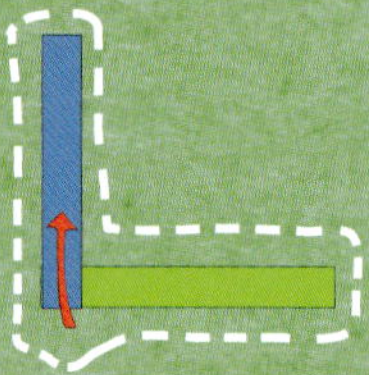

5 Mach so weiter und falte die beiden Streifen immer abwechselnd übereinander, bis die Hexentreppe fertig ist. Zum Abschluss den letzten und den vorletzten Faltabschnitt der Hexentreppe aufeinanderkleben und ggf. das überstehende Ende des letzten Faltabschnitts abschneiden.

## Ziehharmonika-Faltung

Bei dieser Falttechnik wird das Papier abwechselnd in gleichmäßigen Abständen nach vorne und nach hinten gefaltet. Es gibt eine Reihe von Techniken, die das exakte Falten erleichtern. Für kleine Kinder ist es jedoch am einfachsten, wenn nur der erste Faltabschnitt angezeichnet wird, damit die Breite der Faltung vorgegeben ist. Die restlichen Faltungen werden dann frei ausgeführt.

1 Lege das zugeschnittene Papier der Länge nach auf den Tisch und zeichne am unteren Ende mit einer Linie die Breite der Falten an.

2 Das Papier wenden und das untere Ende an der angezeichneten Linie nach oben falten.

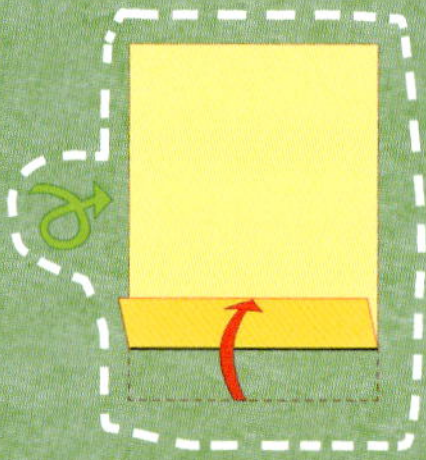

3 Drehe das Papier erneut um und falte es in der Breite des zuvor gefalteten Streifens nach oben. Wiederhole Schritt 2 und 3 so lange, bis du das obere Papierende erreicht hast.

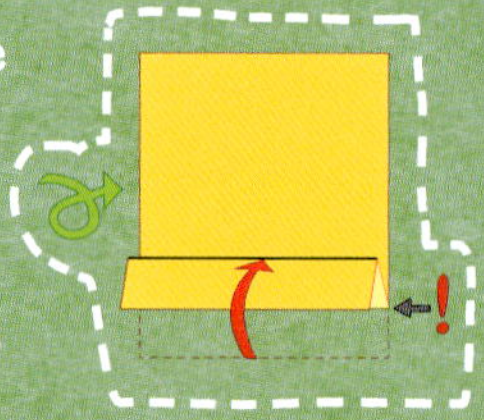

4 Das gesamte Papier ist nun wie eine Ziehharmonika abwechselnd nach vorn und nach hinten gefaltet.

**Gegenstände kaschieren**
Flaschen oder Luftballons können als Formgeber dienen, die mit Papierschnipseln beklebt werden. Während Flaschen im Bastelwerk verbleiben, werden Luftballons anschließend entfernt, sodass eine luftig-leichte Form aus Papier entsteht. Zum Kaschieren braucht man eine ordentliche Portion Kleister, einen Pinsel und dünnes Transparentpapier.

1 Reiße das Transparentpapier in kleine Stücke. Bepinsle den Luftballon oder die Flasche reichlich mit Kleister und lege die Transparentpapierstücke auf. Damit alles gut haftet, streichst du danach noch einmal mit dem Pinsel darüber.

2 Klebe eine zweite Schicht Schnipsel auf, sodass alles bedeckt ist und keine Lücke mehr zu sehen ist. Beachte: Wenn du eine Flasche beklebst, ist dein Werk nun fertig, da die Flasche als Formgeber im Bastelwerk verbleibt. Wenn du einen Luftballon kaschierst, wiederholst du Schritt 1 und 2 noch zweimal, damit eine feste Papierform entsteht. Gut durchtrocknen lassen.

3 Den Luftballon mit der Schere aufschneiden und vorsichtig aus dem Inneren der Papierkugel entfernen. Anschließend den Rand mit der Schere sauber nachschneiden.

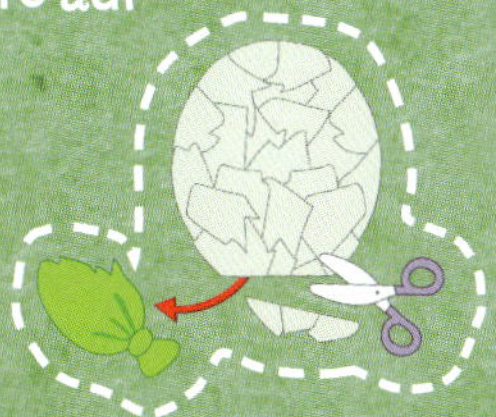

## Prickeln und Prägen

Alubastelfolie und Aluprägefolie lassen sich mit Lochmustern und Prägungen wunderschön verzieren. Lege die Folie beim Prickeln bzw. Prägen unbedingt auf eine weiche Unterlage, zum Beispiel auf eine dicke Filzplatte oder auf Styropor®.

1 Zeichne die gewünschte Form mit einem Bleistift auf der Alubastelfolie an.

2 Lege die Folie auf deine Unterlage und stich mit der Prickelnadel oder einer dicken Sticknadel kleine Löcher entlang der Linie ein. Je gleichmäßiger der Abstand zwischen den Einstichen ist, desto schöner wird das Ergebnis.

3 Beim Prägen fährst du die Linien einfach mit einer Sticknadel mit etwas Druck nach.

## Basteln mit Farbe

Wer kleinen Kindern beim Experimentieren mit Farbe zuschaut, erlebt, was für ein sinnliches Vergnügen sie dabei haben. Damit das Basteln mit Farbe nicht in einem bunten Chaos endet, gibt es ein paar einfache Tricks. Stellen Sie Ihrem Kind die Farbe am besten in kleinen Schälchen bereit. Dafür eignet sich zum Beispiel ein altes Muffinblech. Damit die Farbe in den Schälchen möglichst lange rein bleibt, bekommt jede Farbe einen eigenen Pinsel. Den kann man für die Allerkleinsten übrigens aus einem Wattebausch und einer Wäscheklammer super schnell und einfach selber machen!

Größere Kinder können die Bastelfarben selbst aus der Flasche auf einen Pappteller geben und dort nach Wunsch miteinander mischen. Vom Teller lässt sich die Farbe leicht aufnehmen. Darum eignet er sich auch als Farbspender für Drucktechniken.

TIPP: Bei Farbe verhält es sich bei Kindern ähnlich wie beim Klebstoff: Es wird gerne mal dick aufgetragen. Besonders preiswert ist Voll- und Abtönfarbe aus dem Baumarkt. Sie kann bei Bedarf mit Wasser verdünnt werden und ist außerdem geruchs- und schadstoffarm.

## Stempelwerkstatt

1 Ein ganz einfacher Stempel entsteht, wenn du ein Stück Luftpolsterfolie mit doppelseitigem Klebeband auf einen großen Plastikdeckel oder einen Holzklotz klebst.

2 Für einen Rollstempel klebst du ein zurechtgeschnittenes Stück Wellpappe um eine Fusselrolle.

3 Für einen Motivstempel schneidest du eine Kartoffel an einer Seite gerade ab und drückst einen Keksausstecher hinein.

Anschließend schneidest du das Kartoffelfleisch rundum vorsichtig weg und entfernst den Ausstecher. Bitte einen Erwachsenen hierbei um Hilfe.

Das Motiv mit Farbe bemalen, umdrehen und einen Abdruck machen.

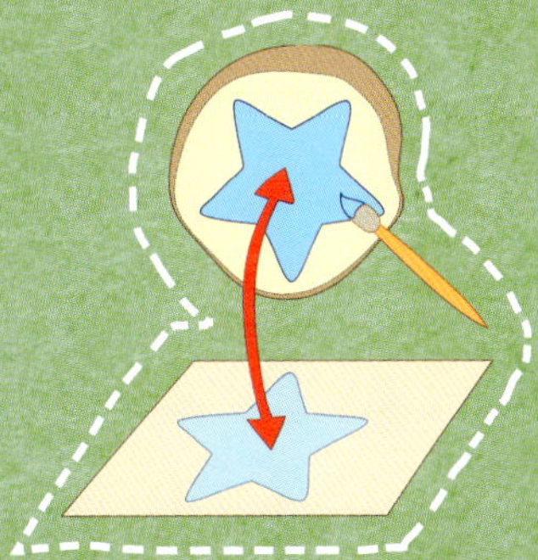



## Arbeiten mit Stoffmalfarbe

Bevor du Stoff mit Stoffmalfarbe bemalst, sollte dieser einmal ohne Weichspüler gewaschen und getrocknet werden. Sonst hält sich die Farbe nicht gut. Nach dem Bemalen die Farbe immer gut trocknen lassen, am besten über Nacht, und die Farbe am nächsten Tag nach Herstellerangaben mit dem Bügeleisen fixieren. Lass dir dabei von einem Erwachsenen helfen.

TIPP: Noch frische Stoffmalfarbe kann mit Wasser und Seife etwas ausgewaschen werden, zum Beispiel, um Flecken zu entfernen.

## Basteln mit Naturmaterial

Draußen in der Natur kann man bei einem Spaziergang Blätter, Zweige, Tannenzapfen, Steine, Blumen, Kastanien und vieles mehr sammeln. Jede Jahreszeit hält andere Schätze bereit, aus denen man zuhause tolle Sachen basteln kann. Wichtig ist, dass beim Sammeln Rücksicht genommen wird. Bitte nicht einfach frische Zweige von Bäumen brechen oder Blumen aus fremden Vorgärten pflücken.

Auch im Supermarkt kann man übrigens viele tolle Bastelmaterialien finden. Maiskörner und getrocknete Bohnen oder Linsen zum Beispiel. Aber auch mit Bananen, Äpfeln, Nüssen und Eiern lassen sich tolle Sachen machen. Vieles davon haben Sie vielleicht schon zu Hause, sodass Sie gleich loslegen können.



Manche Naturmaterialien wie Äste, Zweige und Steine gibt es das ganze Jahr über. Andere Dinge, wie Blätter, Blumen oder Kastanien, gibt es nur zu einer bestimmten Jahreszeit. Wenn Blumen und Blätter in einem dicken Buch gepresst werden, kann auch im Winter noch damit gebastelt werden. Kastanien und Eicheln lassen sich im Gefrierschrank einfrieren und für später aufbewahren.

TIPP: Äste und Zweige sollten einige Zeit trocknen, bevor damit gebastelt wird. Das Holz schrumpft beim Trocknen und lässt sich danach gut sägen, schleifen, kleben und bemalen.

## Basteln mit Fundsachen

Draußen in der Natur kann man bei einem Spaziergang Blätter, Zweige, Tannenzapfen, Kastanien, Steine und viele andere tolle Sachen sammeln, aus denen Zuhause wunderbare Bastelprojekte werden. Auch im Haushalt findet sich allerlei, was Kinder zum Basteln verwenden können. Muffinförmchen, Einwegbesteck, Geschenkband, Putzschwämme, PET-Flaschen, Alufolie: Alles ist zum Basteln da!
Zu beachten gibt es wenig, außer dass die Materialien nicht scharfkantig oder gesundheitlich bedenklich sein sollten.

TIPPS: Kastanien bleiben länger frisch, wenn man sie einfriert. Vor dem Basteln einfach kurz auftauen lassen!

TIPPS: Blüten und Blätter zwischen die Seiten eines dicken, schweren Buches legen und ein paar Tage darin trocknen lassen. Dann sind sie schön glatt gepresst.

## Basteln mit Salzteig

Du brauchst:
2 Teile Mehl
1 Teil Salz
1 Teil Wasser

1 Gib die Zutaten in eine Schüssel und verknete sie mit der Hand, bis ein geschmeidiger Teig entsteht. Sollte der Teig noch bröseln, gibst du ein ganz klein wenig Wasser dazu. Ist er zu klebrig, knetest du etwas Mehl ein.

2 Für einen bunten Salzteig knetest du etwas flüssige Lebensmittelfarbe unter. Gib einfach ein paar Tropfen auf den Teig und arbeite die Farbe gut ein, bis alles gleichmäßig durchgefärbt ist. Sollte der Salzteig durch die flüssige Farbe weich werden, einfach noch etwas Mehl zugeben.

3 Forme aus dem Teig wie beim Kneten dein Objekt und lass es ein bis zwei Tage an der Luft trocknen. Dann schiebst du den Salzteig bei 100 °C in den Backofen und lässt ihn aushärten. Auf dem Backblech auskühlen lassen.

## Kuvertüre schmelzen

1 Zum Schmelzen der Kuvertüre etwas Wasser bei niedriger Temperatur in einem Topf erwärmen. Hacke die Kuvertüre klein, gib die Hälfte in eine Schüssel und stelle diese in den Topf. Dann lässt du die Schokolade unter Rühren langsam schmelzen.

2 Nimm die flüssige Kuvertüre aus dem Wasserbad und rühre den Rest unter, bis auch dieser geschmolzen ist. Die Schokolade abkühlen lassen und anschließend erneut ganz langsam über dem heißen Wasserbad unter Rühren erwärmen (das nennt man temperieren). Sobald die Kuvertüre wieder schön flüssig ist, kannst du sie verarbeiten.

## Basteln mit Eiern

Zum Ausblasen mit einer dicken, spitzen Nadel oben und unten ein Loch in das Ei stechen. Danach die Löcher mit einem Kreuzschlitzschraubenzieher weiten. Den Eidotter im Inneren zerstechen und das flüssige Ei aus der Schale pusten.



Die Eier gründlich mit Wasser spülen und aufrecht z.B. in die Mulde einer Muffinform stellen, damit das Wasser und das restliche Eiweiß aus dem Inneren herauslaufen können.

Zum Bemalen die ausgeblasenen Eier auf ein Schaschlikstäbchen stecken. Unten und oben etwas Knete anbringen, damit das Ei nicht runterrutschen kann. Zum Trocknen einfach mit dem Schaschlikstäbchen in ein Glas stellen.

**TIPPS:** Der Stempel auf dem Ei kann mit Essig entfernt werden. Einfach ein paar Tropfen auf ein Tuch geben und damit über den Stempel reiben.
Rohe oder hartgekochte Eier färbt man mit speziellen Eierfarben, weil diese für Lebensmittel geeignet sind. Für rohe Eier verwenden Sie am besten Kaltfarben, die mit Essig angerührt werden.

# Basteln mit Wolle, Stoff & Co.

Schafwolle, Strickgarn, Stoff und Filz: Der Einstieg ins Handarbeiten bietet ein breites Spektrum an Erfahrungsmöglichkeiten. Handarbeiten sind jedoch nicht einfach. Da sind Vorstich, Pompons und Kordeln erst der Anfang! Und trotzdem braucht man hierfür schon sehr viel Fingerfertigkeit. Die lässt sich bei spielerischen Bastelarbeiten mit Handarbeitsmaterialien trainieren. Mit Wolle können ganz wunderbar Dinge umwickelt werden, mit Jerseybändern kann man gut knüpfen, Stoff kann geklebt und bemalt werden und aus bunten Socken können wunderbare neue Dinge entstehen.



**Pompons wickeln**

Es gibt viele Möglichkeiten, um Pompons anzufertigen. Auf Seite 22/23 und Seite 44/45 werden in diesem Buch gleich zwei Techniken vorgestellt. Das Wichtigste bei einem Pompon ist aber nicht die Technik, sondern die Wolle aus dem er gefertigt wird. Sie sollte leicht und flauschig sein. Garne aus reiner Wolle oder aus einem Wolle-Kunstfasergemisch sind gut geeignet. Schwere Baumwollgarne liefern dagegen keine schönen Ergebnisse.

TIPP: Kinder tun sich leichter, wenn die Wolle etwas dicker ist. Dann dauert das Wickeln nicht so lange.

**Kordeln drehen**

1 Nimm ein langes Stück Wolle, lege es doppelt und verknote die losen Enden miteinander.

2 Knote das eine Ende an einem festen Gegenstand fest, z. B. an einer Türklinke.

3 Stecke einen Stift durch das andere Ende und lege eine Hand wie einen Tunnel knapp neben dem Stift um die Wolle.

4 Mit der anderen Hand drehst du den Stift so schnell du kannst im Kreis, wie die Rotorblätter eines Hubschraubers.

5 Wenn die Wolle dicht verdreht ist, kannst das Stiftende zum festgeknoteten Ende führen und die verdrehten Wollfäden doppelt legen. Dabei schlingen sie sich umeinander und die Kordel entsteht.
Mach einen Knoten in das offene Ende, damit sich deine Kordel nicht aufdreht. Fertig!

**Nähen mit Vorstich**

Der Vorstich ist ganz einfach:

1 Fädle den Faden in die Nadel und mach einen Knoten in das lange Ende.

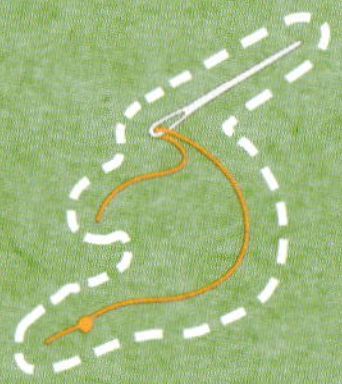

2 Stich mit der Nadel von unten nach oben durch den Stoff und zieh den Faden durch.

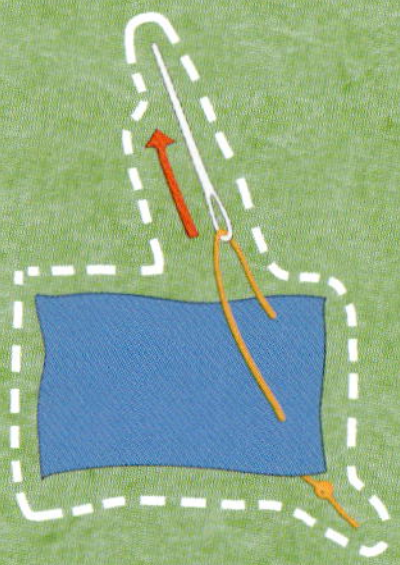

3 Stich etwas weiter vorn wieder nach unten und ziehe den Faden nach.

4 Stich etwas weiter vorn wieder nach oben und mach so weiter, bis die Naht fertig ist.

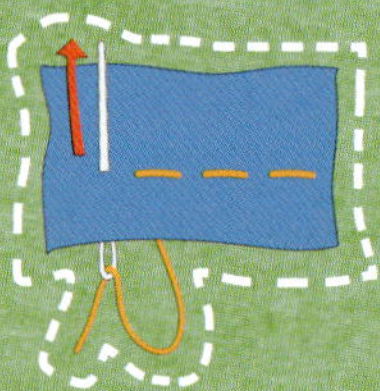

# VORLAGEN

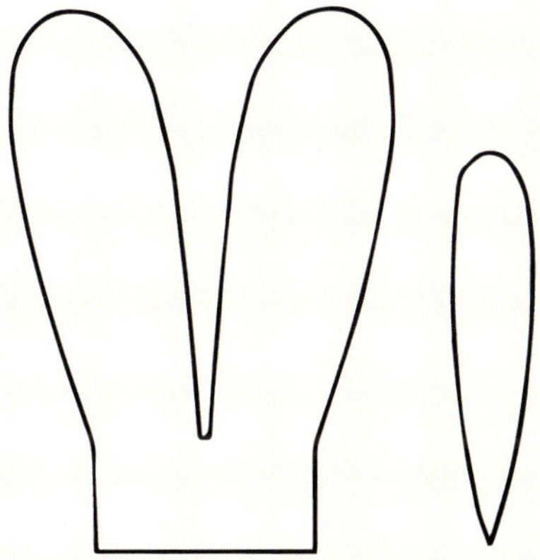

Hase

## Eiertiere
Seite 29

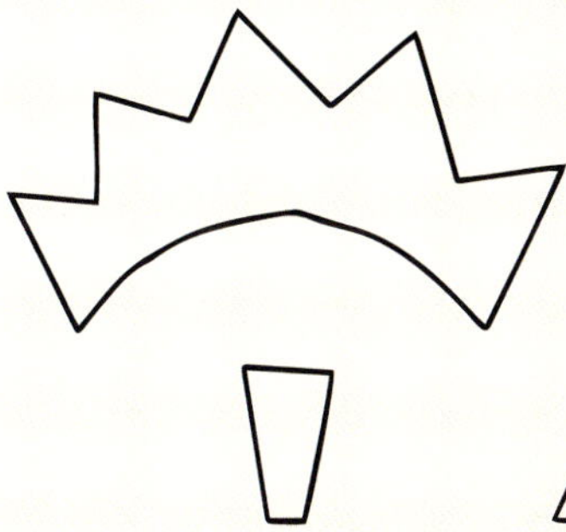

Huhn

Hase und Huhn

Schaf

## Prickel-Windlicht
Seite 106

## Wollbild-Apfel
Seite 85

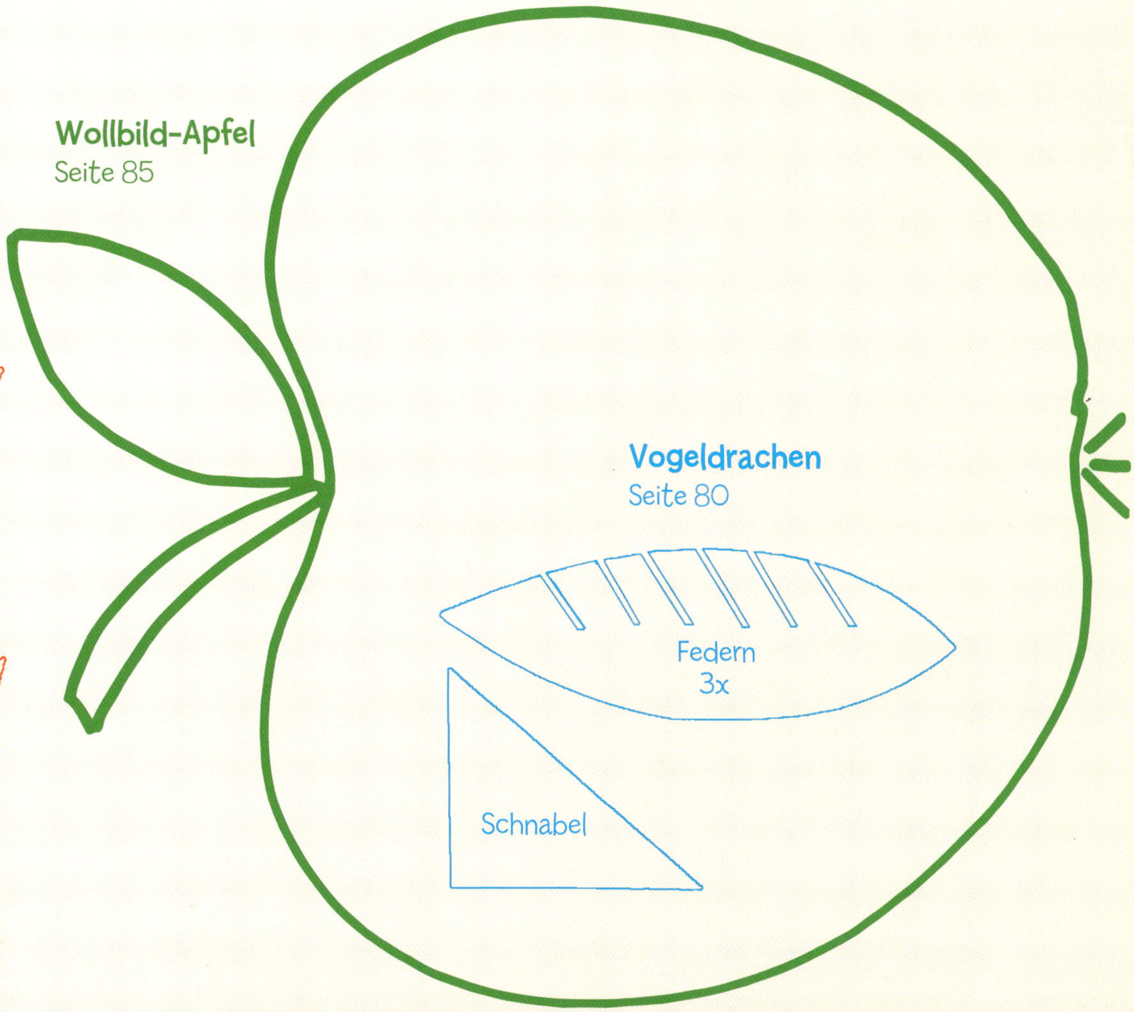

## Tröten-Frosch
Seite 50/51

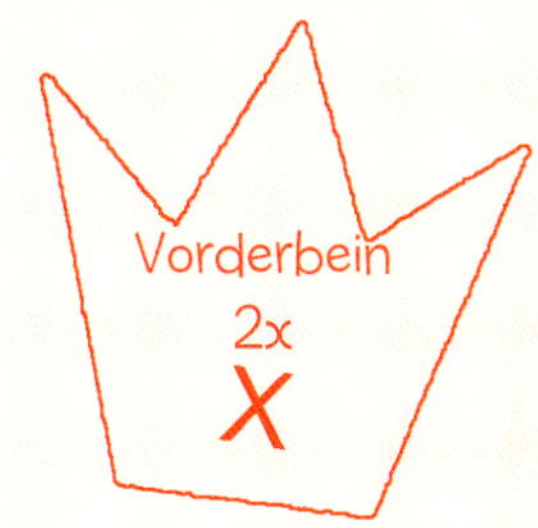


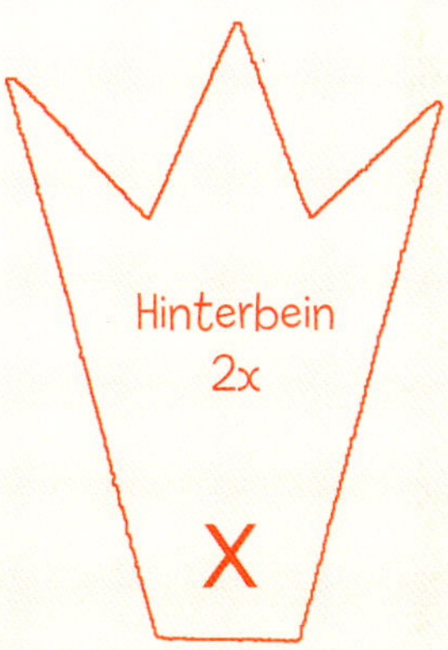


## Vogeldrachen
Seite 80

Federn
3x

Schnabel

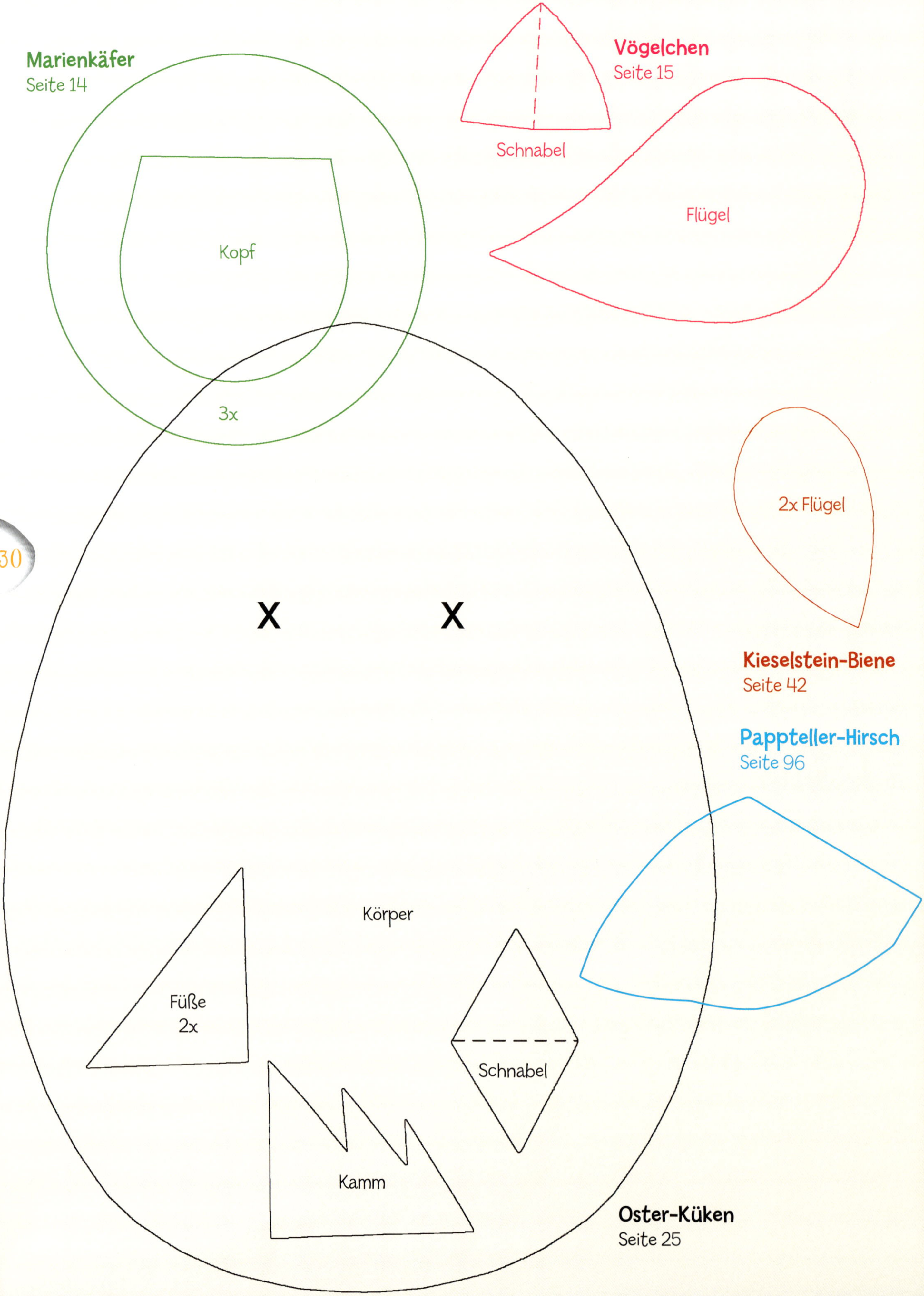
Marienkäfer
Seite 14
Kopf
3x
Vögelchen
Seite 15
Schnabel
Flügel
2x Flügel
Kieselstein-Biene
Seite 42
Pappteller-Hirsch
Seite 96
X X
Körper
Füße
2x
Schnabel
Kamm
Oster-Küken
Seite 25

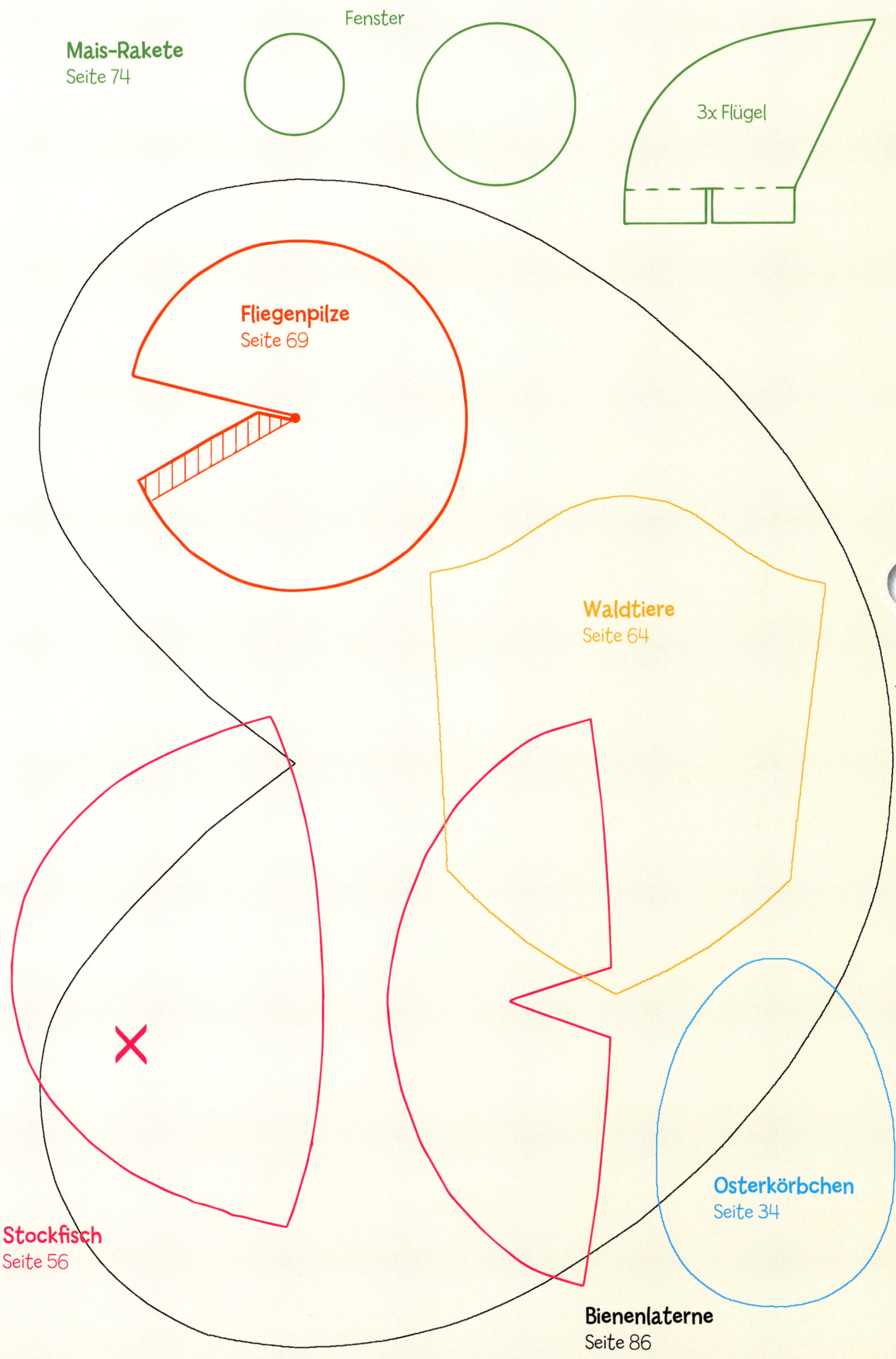
Mais-Rakete
Seite 74
Fenster
3x Flügel
Fliegenpilze
Seite 69
Waldtiere
Seite 64
Stockfisch
Seite 56
Osterkörbchen
Seite 34
Bienenlaterne
Seite 86

**Flecken-Schildkröte**
Seite 58

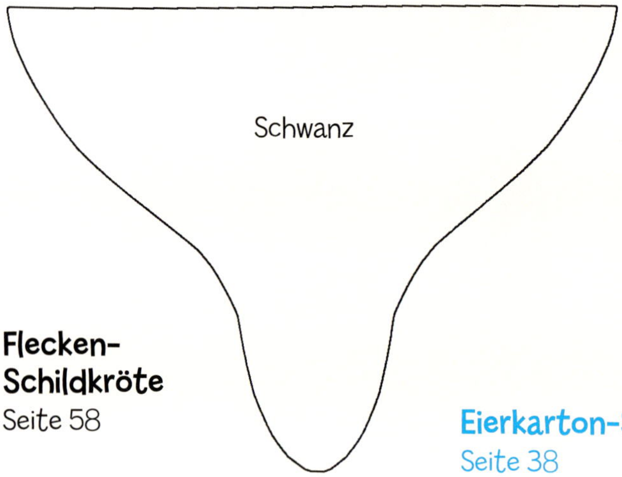


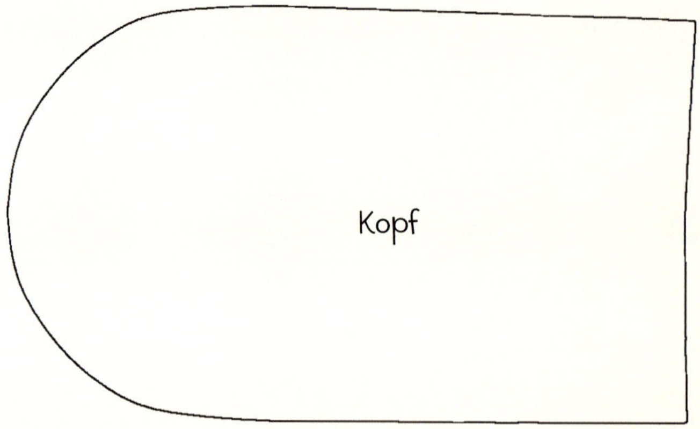


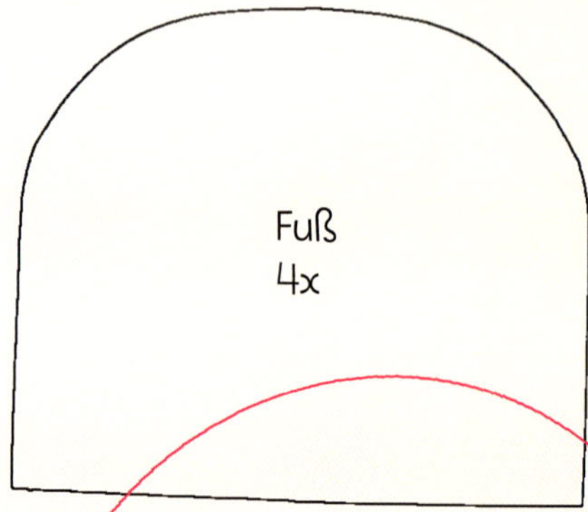


**Eierkarton-Schiff**
Seite 38

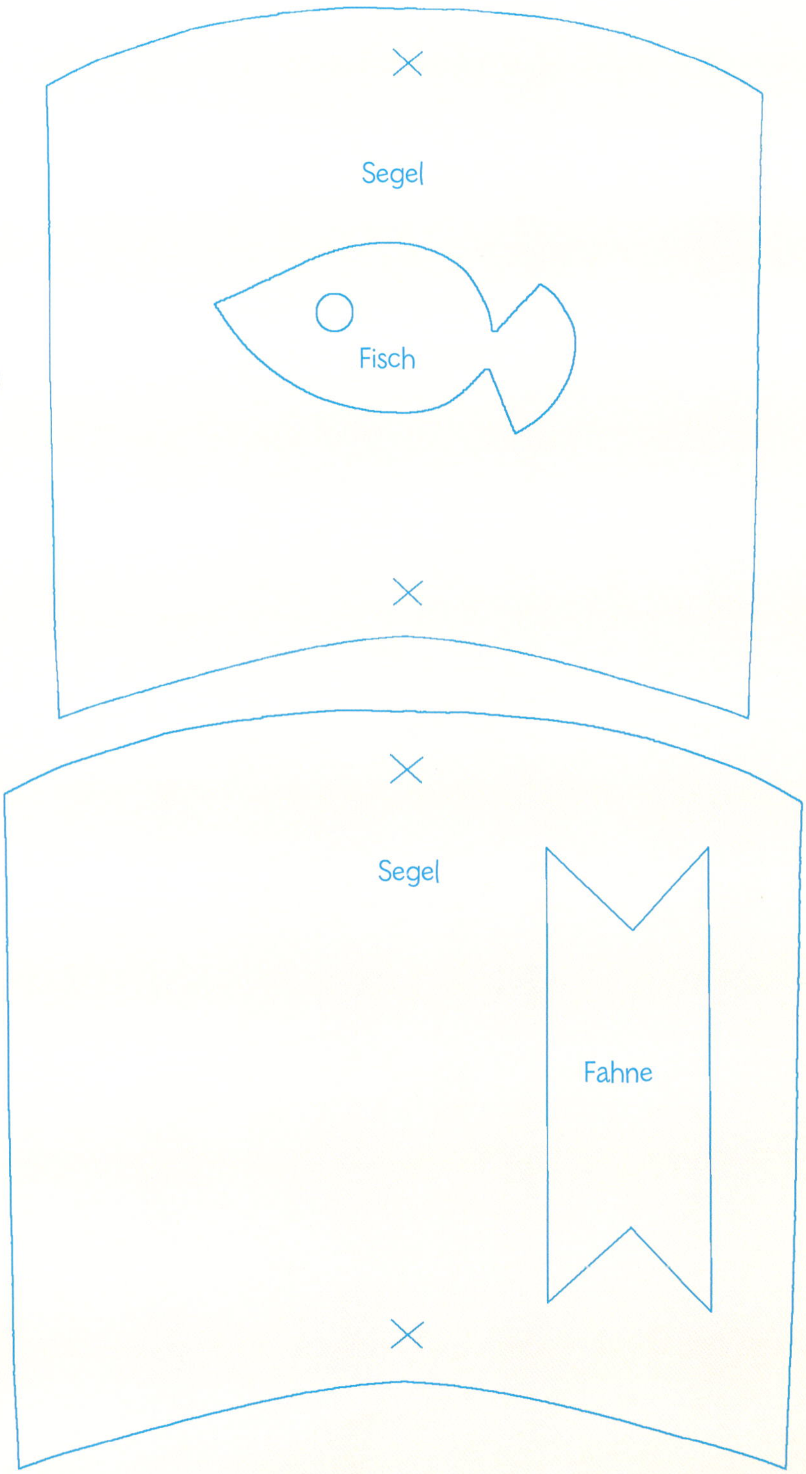


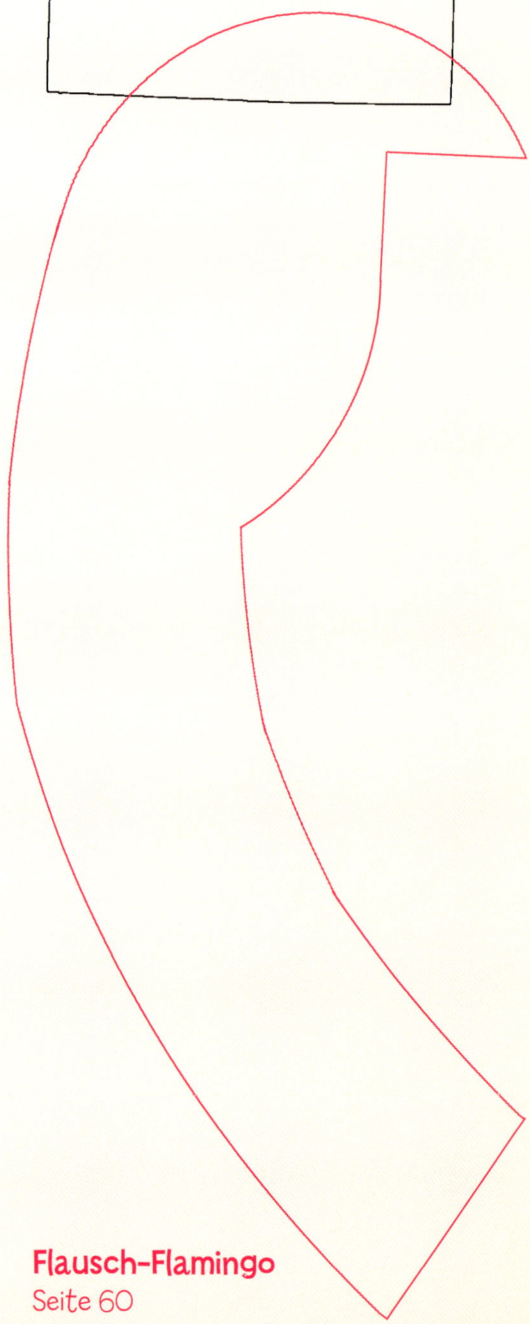

**Flausch-Flamingo**
Seite 60

Watte-Stempel-Eier
Seite 27

Geister-Girlande
Seite 84

Sonnenfänger
Seite 48

Vogelhäuschen
Seite 91
Hier Teil 2 ansetzen
Hier Teil 3 ansetzen
Kerzen-Trio
Seite 94
Kürbisgesichter
Seite 83
Teil 1
Teil 2
Teil 3
Hier Teil 1 ansetzen
Wellpappe-Baumschmuck
Seite 97

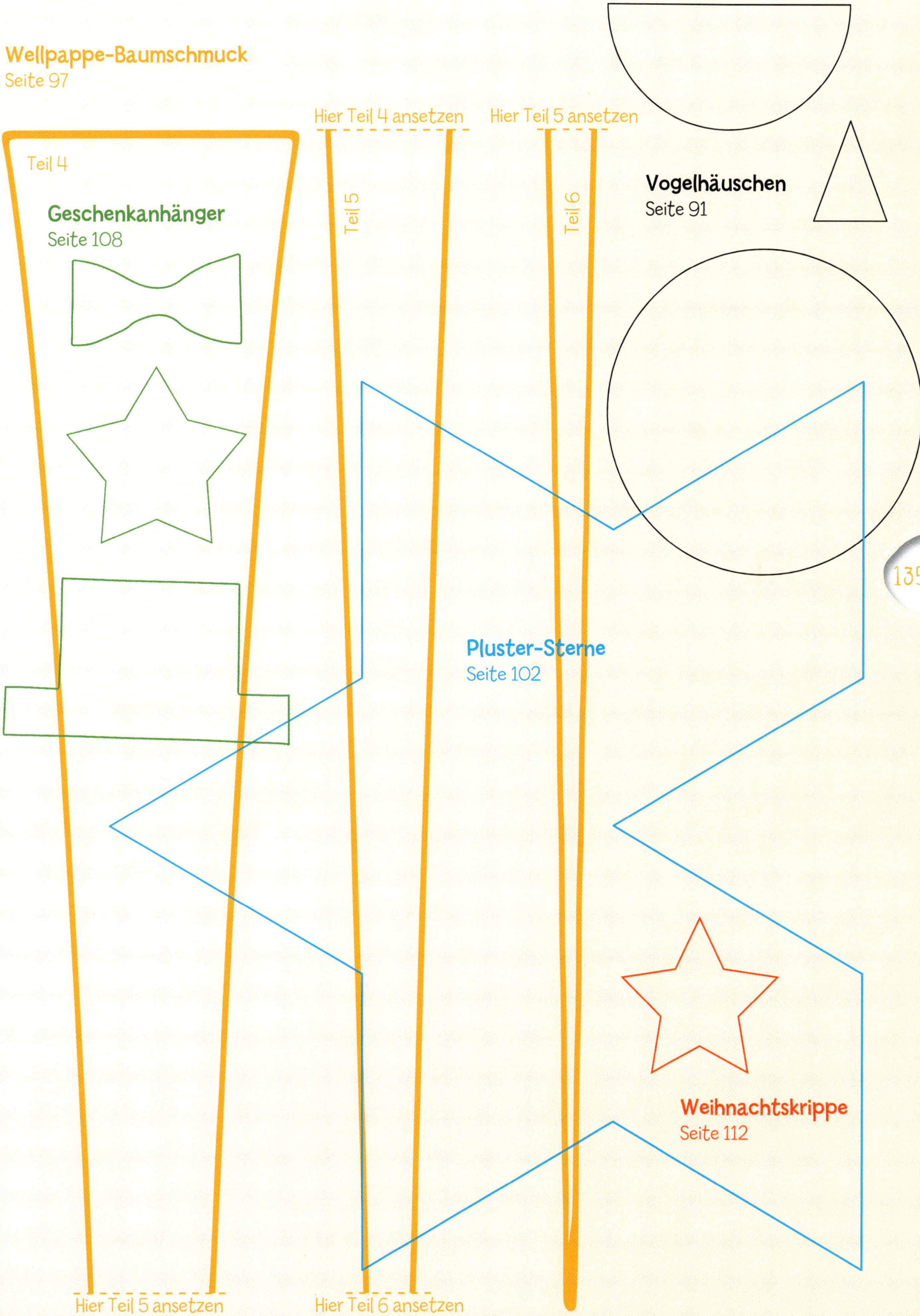
Wellpappe-Baumschmuck
Seite 97
Hier Teil 4 ansetzen
Hier Teil 5 ansetzen
Teil 4
Teil 5
Teil 6
Hier Teil 5 ansetzen
Hier Teil 6 ansetzen
Geschenkanhänger
Seite 108
Vogelhäuschen
Seite 91
Pluster-Sterne
Seite 102
Weihnachtskrippe
Seite 112

# unsere Verbastelbücher

ISBN 978-3-7724-7881-9

ISBN 978-3-7358-9099-3

ISBN 978-3-7358-9231-7

ISBN 978-3-7724-4622-1

ISBN 978-3-7724-4458-6

ISBN 978-3-7724-4487-6

ISBN 978-3-7724-4486-9

ISBN 978-3-7358-9185-3

ISBN 978-3-7358-9186-0

ISBN 978-3-7358-9260-7

ISBN978-3-7358-9184-6

Viele weitere Kreativ-Bücher findest du auf www.TOPP-kreativ.de

# MEHR für die ALLERKLEINSTEN

ISBN 978-3-7358-9013-9

ISBN 978-3-7724-4459-3

ISBN978-3-7358-9207-2

ISBN 978-3-7358-9089-4

ISBN 978-3-7358-9115-0

ISBN 978-3-7358-9171-6

ISBN 978-3-7358-9109-9

ISBN978-3-7358-9111-2

ISBN978-3-7358-9064-1

ISBN978-3-7358-9261-4

ISBN 978-3-7724-4452-4

# #TOPPPROJEKT

Die eigene Kreativität zeigen: TOPPprojekt mit anderen Kreativen teilen und Teil der Gemeinschaft werden.

DIY-begeistert und auf Instagram? Dann unbedingt mitmachen! Hier gibt's Tipps und Feedback zu den eigenen Projekten. Außerdem verlosen wir jeden Monat ein Überraschungspaket. Um am Gewinnspiel teilzunehmen, einfach ein Bild vom Kreativ-Projekt aus unseren Büchern mit #TOPPprojekt posten und unserem Account @frechverlag folgen. Mehr Infos auf TOPP-kreativ.de/TOPPprojekt

**Website**
Auf TOPP-kreativ.de kannst du ein riesiges Angebot von über 1.000 Kreativbüchern, Sets & mehr entdecken.

**Newsletter**
Gleich anmelden unter: TOPP-kreativ.de/newsletter und immer als Erstes von unseren Neuheiten und Sonderaktionen erfahren.

**Instagram**
@frechverlag

**Pinterest**
pinterest.com/frechverlag

**Facebook**
facebook.com/frechverlag

**DigiBib**
Hier findest du zusätzlich zu vielen unserer Bücher digitale Extras, wie Video-Tutorials, Plotter-Dateien, Vorlagen, Übungsblätter & vieles mehr. Einfach im Impressum deines TOPP-Buchs den Freischalte-Code nachschlagen und exklusive Inhalte freischalten. TOPP-kreativ.de/digibib

**Youtube**
youtube.com/frechverlag

# Wer wir sind, wie wir arbeiten, was wir lieben ...

Auf Instagram, Facebook und Pinterest findest du mehr über uns und unsere Arbeit und wirst immer schnell und einfach mit den neuesten Infos versorgt.

Alle News, alle Infos und alle Links findest du auf www.TOPP-kreativ.de

Susanne Pypke arbeitet als freie Lektorin und Kreativ-Autorin im Stuttgarter Westen. Ihre Leidenschaft für das Selbermachen hat sie schon früh entdeckt. Nichts war schöner, als an Regentagen zu basteln, in Mamas Nähkästchen zu kramen oder die Gerätschaften in Papas Werkstatt auszuprobieren. Ihr Können setzt sie bis heute in zahlreichen DIY-Projekten um. Ein kleiner Ausschnitt davon ist auf ihrem Kreativblog fraeuleinfloh.blogspot.de zu sehen.

## Impressum



MODELLE: Susanne Pypke
FOTOS: frechverlag GmbH, 70839 Gerlingen; lichtpunkt, Michael Ruder, Stuttgart
SCHRITTILLUSTRATIONEN: Atelier Schwab Haselund, Ursula Schwab
ILLUSTRATIONEN: Vecteezy.com (Schneeflocken; S. 16, 62);
designed by freepik.com (alle weiteren)
PRODUKTMANAGEMENT UND LEKTORAT: Rebekka Lang
LAYOUT UND COVER: Eva Hook
SATZ: Konstanze Laue
DRUCK UND BINDUNG: BALTO print, Litauen



6. Auflage 2026


ISBN 978-3-7358-9011-5
Best.-Nr. 29011

MIX
Papier | Fördert gute Waldnutzung
FSC www.fsc.org FSC® C107574

Penguin Random House Verlagsgruppe
FSC® N001967

Unser Service für Sie:

Wenn Sie Fragen zu den Anleitungen in diesem Buch haben, schreiben Sie einfach eine E-Mail an: mail@kreativ-service.info

– wir helfen Ihnen gerne weiter!

... ohne Kleber
geht nichts!